仲よくなれる！　授業がもりあがる！

密にならない クラスあそび120

JN011347

編著　樋口万太郎・神前洋紀

学陽書房

あそびで心のつながりと
学びへのつながりを

本書を手にとっていただき、ありがとうございます。

本書では、「あそび」を通して、

「ここにいてもいいんだ」

「友だちっていいな」

「よし、やるぞ！」

「もっとやってみたい！」

と子どもたちが安心して、笑顔で、前向きに過ごせる心のつながりと学びのつながりを大切にしたクラスづくりができるあそびを紹介しています。

私たちは、授業やさまざまな時間にあそびを取り入れることによって、子どもたち一人ひとりが生き生きしたり、クラスが活性化したりする効果をよく目にしました。子どもの雰囲気が難しいときにも、あそびを取り入れることで、子どもがゲラゲラと笑ってクラスがパッと明るくなり、本当に助かったことが何度もありました。

最近はコロナによる影響で、表情が曇っている子が増えているように思います。心のつながりと学びのつながりを大切にしたクラスあそびを行うことにより、子どもたちの 笑顔を取り戻しませんか。

また本書は、リアルでもオンラインでも子ども同士が密集せずに楽しめる､密にならなくても仲よくなれるあそびだけをたくさん集めました。ソーシャルディスタンスを保ちつつ、心のつながりを実感しながら、楽しくあそび、学ぶことができます。

たくさんの先生方の顔とクラスを思い浮かべながら、つくり上げた 1 冊です。本書を手に取ったあなたと子どもたち一人ひとりの笑顔のきっかけになりますように。

樋口万太郎・神前洋紀

本書で大事にしたいこと「あそびが楽しいクラスづくりにつながる」

本書では、クラスあそびを通して、子どもたちに感じてほしい4つの気持ちがあります。

①「ここにいてもいいんだ」（心理的安全性）

子どもが、クラスに自分の居場所を感じられることが最優先です。そのためには、「あなたもクラスの一員だよ」「ありのままで大丈夫だよ」と感じられるようにすることが大切です。そこで、どんな子でも参加でき、間違っても大丈夫な雰囲気づくりに役立つあそびを考えました。

②「友だちっていいな」（つながり感）

子どもは居場所が確保できたら、自分と共通点のある子とつながりたくなるはずです。そこで、共通点や似ていることを見つけたり探したりできるあそびを考えました。そこで、友だちのよさや魅力にも気付くことができるでしょう。

③「よし、やるぞ！」（やる気スイッチ）

「休み時間と授業の区別がつかない」という悩みをよく聞きます。そこで、学習の切り替えができる遊びを考えました。授業のスタートにクラスあそびを取り入れることで、子どもたちのやる気を引き出すことができるでしょう。

④「もっとやってみたい！」（モチベーション）

「あそんでいたつもりがいつのまにか学んでいる」と、あそびと学びをつなげることができるようになっています。ルールをアレンジしやすいあそびが豊富です。子どもたちは、繰り返しやっても飽きずに、自ら進んであそび、学ぶことができるでしょう。

これら4つを意識することで、安定し、かつ楽しいクラスづくりができます。さあ、さっそく、クラスあそびをやってみましょう。

仲よくなれる！　授業がもりあがる！
密にならないクラスあそび 120

もくじ

第1章 密にならないでできる！ お互いを知って仲よくなるあそび！

教室でできる！

みんなであそぼう！

教室・オンラインでできる！

みんなであそぼう！

グループ・ペアになってあそぼう！

※もくじ中、そのあそびに適した学年層を低学年＝低、中学年＝中、高学年＝高、全学年＝全と表示しています。

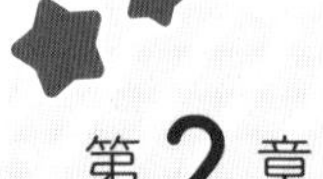

第2章 密にならないでできる！楽しくてクラスの雰囲気がよくなるあそび！

教室・オンラインでできる！

みんなであそぼう！

グループ・ペアになってあそぼう！

一番はだれかな？競ってあそぼう！

第3章　密にならないでできる！体を動かすあそび！

教室でできる！

みんなであそぼう！

教室・オンラインでできる！

みんなであそぼう！

グループ・ペアになってあそぼう！

体育館や校庭でできる！

みんなであそぼう！

グループ・ペアになってあそぼう！

第4章 密にならないでできる！ 創造力や発想力で楽しむあそび！

教室でできる！

みんなであそぼう！

グループ・ペアになってあそぼう！

一番はだれかな？競ってあそぼう！

教室・オンラインでできる！

みんなであそぼう！

一番はだれかな？競ってあそぼう！

第5章 密にならないでできる！教科の学びを楽しむあそび！

教室でできる！

みんなであそぼう！

グループ・ペアになってあそぼう！

教室・オンラインでできる！

グループ・ペアになってあそぼう！

一番はだれかな？競ってあそぼう！

第6章 オンライン授業に役立つ！ オンラインでこそできるあそび！

みんなであそぼう！

グループ・ペアになってあそぼう！

一番はだれかな？競ってあそぼう！

※本書のあそびの紹介ページでは、あそび名の上に、あそびに適している場所と、何人であそぶのに適しているかを示しています。
また、どの学年層に適しているかを、低学年＝低、中学年＝中、高学年＝高、全学年＝全として表示しています。あそびを選択する目安として活用してください。

※本書のイラストではあそびのシーンでもマスクをつけていない子どもたちが登場しています。これはあくまで本の中でイラストの子どもの表情などを大切にするためです。
実際には子どもたちがマスクをつけ、ソーシャルディスタンス等を取り、新型コロナウイルスに感染しない対策を行って、本書のあそびを楽しんでいただければ幸いです。

第1章

密にならないでできる！
お互いを知って仲よくなるあそび！

宝を探して、持ち主に届けよう！

 宝届け

ねらい **名前の書いてある宝を見つけて持ち主へ届けるゲームです。友だちに届けることで、子ども同士のつながりをつくることができます。**

あそびかた

先生

はじめのことば
今から「宝届け」というあそびをします。宝探しより、少しレベルアップして、見つけた宝を持ち主に届けるゲームです。

1 みんなで宝をつくる

まず宝をつくりましょう。折り紙を好きな形に切って、名前を書きましょう。手のグーの大きさよりは大きくしましょうね。

2 クラスを2グループに分け、ルールを確認する

ここからここまでの人は前半隠すグループ、ここからここまでの人は後半隠すグループです。

隠したらダメな場所は、あるかな？

ゴミ箱！

高くて危ない場所！

先生や友だちの引き出し！

そうですね。この３つの場所はなしにしましょう。

3 宝を隠し、宝を探す

前半グループの人は自分の宝をこの教室のどこかに隠します。その間、後半グループの人は廊下で静かに待ちます。隠し終わった人は、自分の席に座っていましょう。時間は３分です。

前半グループ

（宝を隠す）

後半グループ

（廊下で待つ）

後半グループの皆さん、探しましょう。見つけた宝は友だちに届けてください。

※終わったら交代して同様に行います。

4 ふりかえりをする

ルールを守って楽しむことができましたね。自分の宝が帰ってくるか、ドキドキするし、見つけたらうれしいですよね。

子どもが楽しくワクワクするコツ！

- 宝を季節に合わせて変えても楽しめます（七夕の季節は星、冬は雪だるまなど）。
- 友だちの宝を壊れないように丁寧に扱うことを目標として行うこともできます。

友だち紹介できるかな？

2 自己紹介リレー

ねらい **新学期の最初にやるとよいあそびです。友だちの紹介を聞き、友だちのことを伝えていく楽しいあそびです。**

あそびかた

先生

はじめのことば

友だちの紹介を友だちにしていくあそびです。記憶力が試されますよ。なので、しっかり聴き合いましょうね。紹介するときは、３つにポイントを絞りましょう。紹介する側は、伝える側が忘れないような情報にできるといいですね。

1 数人の子でやってみる

わたしの名前は○○です。
住んでいる地域は、○○です。
飼っているネコの名前は、○○です。
趣味は○○です。
覚えられた？

大丈夫！じゃあ、ぼくいくね。
ぼくの名前は○○です。
将来の夢は、サッカー選手です。
憧れの人は、○○です。
もし、憧れの人に会えたら、○○します。

じゃあ、確認してみましょう。

ぼくの名前は○○です。
将来の夢は、サッカー選手です。(略)

わたしの名前は〇〇です。
住んでいる地域は〇〇です。(略)

ばっちり覚えていますね。このように、
会った友だちにリレーしていきますよ。

2 ペアでやってみる

まず、最初のペアの人とやりましょう。
そのあと、みんなで交流しましょうね。

3 みんなでやってみる

それでは、交流しましょう。
時間は5分です。何人と交流
できるでしょうか?

4 ふりかえりをする

何人くらい交流できましたか?
忘れずに友だちの紹介ができま
したか?

子どもが楽しく ワクワク するコツ!

- 自己紹介のテーマがあると、初めてでも話しやすいです。テーマ例)好き(嫌い)な〇〇(食べ物、給食、動物、スポーツ、色、教科、行事など)
- クラスが成熟してきたら、プラスワンで、友だちのよさを付け加えていくと、もっと仲が深まります。

友だちをよく知ることができる！

3 わたしは誰でしょう

ねらい 友だちにインタビューしてクイズをつくります。みんなで楽しくクラスメートのことを知ることができます。

あそびかた

はじめのことば
「わたしは誰でしょう」というあそびをします。３つのヒントから友だちを当てるゲームです。友だちをよく知ることができるように、インタビューをしましょう。

1 例を示す

それでは、練習をしてみましょう。
①わたしは、「男性」です。
②わたしは、「バナナが好き」です。
③わたしは、「おさるさんに似ています」。
さて、わたしは誰でしょう？

神前先生！

2 インタビューとヒントづくりをする

ペアでインタビューをして、ヒントづくりをします。３つのヒントは、好きなことや苦手なことなど、お互いの特徴がわかるようにできるだけ多くの質問をしましょう。

好きな教科は何ですか？

算数です。好きな色は何ですか？

赤です。

※インタビュー終了後、それぞれヒントを３つ書き、教師に提出してもらいます。

3 やってみる

わたしは誰でしょう？スタートです。
①わたしは、「ピンク色が好き」です。
②わたしは、「算数が好き」です。
③わたしは、「ボウズ」です。
さて、わたしは誰でしょう？

樋口万太郎くんです。

正解です。

4 ふりかえりをする

心に残った「誰でしょうクイズ」はありましたか？

樋口くんの「ピンク色」がびっくりしました。

子どもが楽しく ワクワク するコツ！

- インタビューのテーマを多く用意していると、交流が生まれやすくなります。
- 例を示すときに、教師から積極的に自己開示していくことが大切です。
- ①のヒントから順番に、ギリギリわかりそうでわからないヒントを並べていくところがポイントですが、①のヒントでばれてしまっても、ご愛敬です。最後のヒントまで確認することで、さらに盛り上がります。

友だちの名前でビンゴ！

4 なまえビンゴ

ねらい **クラスの友だちの名前を覚えたり、書いたりできるようになります。**

あそびかた

先生

はじめのことば
友だちの名前でビンゴをします。ノートに四角を書いて９マスになるよう区切りましょう（黒板に書く）。そして、今からクラス名簿を配ります。友だちの名前の一文字だけを選んで、９マスの中に書いてください。漢字のところは漢字で、ひらがなの名前の人の場合は、ひらがなも使っていいです。

1 みんなでやってみる

それでは、いきますね。最初は、神前洋紀くんの「神」です。書いた人？

みんな

はーい！

次は、樋口万太郎くんの「万」です。

※半分以上の子がビンゴになるまで名前を言います。

2 ふりかえりをする

友だちの名前、覚えられましたか？　難しい字もあるかもしれませんが、友だちと仲よくするための第一歩は名前を覚えることです。早く覚えられるといいですね！

教室・オンラインでできる！／みんなであそぼう！ 

曲をあてよう！

ねらい 音楽で友だちと交流したり共通の趣味を見つけたりできます。

あそびかた

先生

はじめのことば
ある曲の逆再生だけを聞いて、曲名をあてるゲームです。曲名がわかった人は、手を挙げてくださいね。少し考える時間をとった後に、「せーの！」で一斉に答えてもらいます。

1 みんなでやってみる

それでは１曲目。（曲を流す）わかりましたか？せーの！

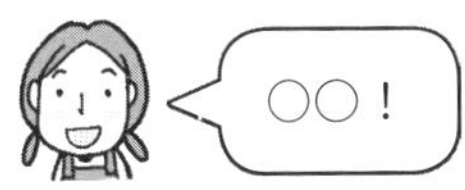

2 グループ対抗戦にする

グループみんなで話し合って曲名を当てます。答えは、ホワイトボードに書いてください。１分後に一斉に「せーの！」で発表します。

子どもが楽しくワクワクするコツ！

- 事前に子どもたちから好きな曲アンケートをとっておくと、全員参加しやすくなります。逆再生の無料アプリで簡単に逆再生できます。
- 音楽の授業で習う曲も入れると、音楽の時間の意欲も上がります。

友だちについて考えてみよう

6 も～そ～他己紹介

ねらい 友だちの普段の様子から想像して紹介することで、相手への理解を深める感覚や、自分を知ってもらう楽しさに気付ける遊びです。

あそびかた

先生

はじめのことば
自分の紹介は自己紹介、他人を紹介するのは他己紹介、今日はみんなに「も～そ～他己紹介」をしてもらいます！

1 「も～そ～他己紹介」について説明する

自己紹介では自分のことをわかっていないとできませんね。他己紹介は相手のことを知っていないとできませんね。「も～そ～他己紹介」は知らなくてもできるのです。

どういうこと？

知らないことを「～だと思います」「～のように感じます」という言い回しを使って紹介します。

2 試しにやってみせる

お手本を見せますね。Cさんはいつも暑くても元気に外で遊んでいるので、夏の8月が誕生日だと思います。また好きな食べ物はかき氷のような気がします。

え～そうかなあ。

では、Cさん本当は？

6月生まれです。かき氷は好きです。

半分当たってた！おしい！　いつも本当に元気だから夏っぽいと思っていたけどなあ。

3 やってみる

では、みんなも隣の友だちのまだ知らないことについて妄想してみんなに紹介してみましょう。

わかった

ポイントは普段の様子や表情から妄想することです。合っていてもいなくても、みんなに紹介してもらえてうれしいことがいいですね。

やってみる！

それではやってみましょう。考える時間をとります。それからです。

子どもが楽しくワクワクするコツ！

- 「普段友だちが頑張っている姿から連想してみよう」と声かけをすると前向きな内容が出てきます。
- 上手にできない子には、「やさしそうなところや、頑張っていそうなことを妄想してみよう」と声かけします。
- 妄想が上手な子に最初に発表してもらうと、みんなが発表しやすくなります。
- 紹介された相手の立場に立って傷つくかもしれない内容は控えるように伝えます。

みんなが知らない問題で楽しもう！

7 絶対当たらないクイズ

ねらい 子どもたちの意外な一面を発見できるあそびです。マニアックな問題では物知りな子どもが大活躍することもあります。

あそびかた

先生

はじめのことば

「絶対わからないでしょ～」と答えがわからないクイズをつくりましょう。正解できる人がいたら、相当物知り博士ですよ。

1 例を示す

先生の飼ってるペットは何でしょうか？

犬が正解です。

○○小学校には何人の先生がいるでしょう？

23人です！

正解です！これは先生の負けです。

2 グループ（ペア）でやってみる

じゃんけんで勝った人から問題を出しましょう。

ぼくのおばあちゃんの名前は？

はなこ！

どうしてわかったの？

うちの祖母も同じなの！

次は、わたしの番ね。世界一長い国の名前は？

3 ふりかえりをする

意外に当たるクイズもありましたね！　当たらないクイズをやってみて、どうでしたか？

知らないことばかりで、調べてみたいなということが見つかったので、調べてみます！

子どもが楽しくワクワクするコツ！

- 「世界一長い国の名前は？」など、学びにつながる問題を出すと、子どもたちの探求心をくすぐれます。
- 教師が「そんなの絶対わからないでしょ！」と勢いよく盛り上げると、クラスが明るくなります。
- 「明日、先生は怒るでしょうか？」という未来形のボケこそ、絶対当たらないクイズのマストクエスチョンです。

教室・オンラインでできる！／グループ・ペアになってあそぼう！ 

テーマに沿って話してみよう

8 サイコロトーキング

ねらい ゲーム感覚で、トークテーマに沿って話したり聞いたりして、相手のことを知ることができます。

あそびかた

先生

はじめのことば
サイコロをふって出たテーマに沿って、話したり聞いたりするあそびです。話すのは、１人１分にしましょう。そのあとは、質問タイムを２分とります。テーマは６つです。①最近、飛び上がるくらいうれしかった話、②ウソ！と思った信じられない話、③がっくりへこんだ話、④クスッと笑った話、⑤どうしても気になってしかたない話、⑥フリートークです。

1 例を示す

それでは、サイコロをふります。④笑った話ですね。話します。「特製おにぎりの話をします。魔法をかけてあげたらおいしくなったらしくて。給食のごはんの残食がゼロになったみたい。信じられますか？　かわいくて、笑っちゃいました。」

何年生の話ですか？

１年生です。

１年生なら納得かな。６年生だったら…。

2 グループ（ペア）でやってみる

話せないテーマがあるときは、もう1回サイコロをふり直して、違うテーマにしてもいいですよ。それでは、じゃんけんで勝った人から順番にサイコロをふって、やってみましょう。

私は②でした。昨日、テストがあったでしょう。おとといねているときに、テストをしている夢をみたの。そのテストと実際にしたテストが一緒だったの。

ウソ！

3 ふりかえりをする

心に残った話やもっと聞いてみたかった話をノートに書きましょう。休み時間にもできそうですね！

子どもが楽しくワクワクするコツ！

- 国語や道徳の学習では、「疑問に思ったこと」「感動したところ」などの視点を設定し、初発の感想の共有もできます。単元の終末や学習のまとめとして、他教科でも活用できます。
- トークテーマを決めておくということについて子どもたちが慣れる機会をつくり、日記のテーマに困ったときにも使えるようにしておくと、便利です。日記を書くときも、事前にサイコロを振ってテーマを決めたり、何か活動するときも事前にふりかえりのトークテーマを決めておくことで活動後のふりかえりがしやすくなったりします。

まちがいを発見できるかな？

9 ダウトを探せ

ねらい 自分と友だちの共通点や相違点に楽しく気付けるあそびです。ヒントを考えるときに想像力と創造力をつかうのがポイントです。

あそびかた

先生

はじめのことば
自己紹介の４つの中に間違いを入れて、問題を出す側は間違いがバレないように、当てる側は間違いを見抜くあそびです。

1 例を示す

それでは、先生で練習をしてみましょう。①わたしは、「トマトが嫌い」です。②わたしは、「バナナが好き」です。③わたしは、「マヨネーズが好き」です。④わたしは、「長男」です。さて、ダウトはどれでしょう？

③です！

正解です！Ｃさんの勝ちです！

2 グループ（ペア）でやってみる

まず、じゃんけんで勝った人から問題を出しましょう。負けた人は当てる側です。

3 ふりかえりをする

友だちの知らない一面や共通点を発見できましたか？

教室・オンラインでできる！／グループ・ペアになってあそぼう！ 

真実を発見できるかな？

10 リアルを探せ

ねらい 自分と友だちの共通点や相違点に楽しく気付けるあそびです。ヒントを考えるときに想像力と創造力をつかうのがポイントです。

あそびかた

先生

はじめのことば
自己紹介の４つの中に１つだけ真実を入れて、問題を出す側は、真実がバレないように、問題を当てる側は、真実を見抜くあそびです。

1 例を示す

それでは、先生で練習をしてみましょう。①わたしは、「ネコを飼って」いました。②わたしは、「犬を飼って」いました。③わたしは、「宝くじ１億円」当たりました。④わたしは、「カメを飼って」いました。さて、真実はどれでしょう？

④です！

正解です！ Ｄさんの勝ちです！

2 グループ（ペア）でやってみる

まず、じゃんけんで勝った人から問題を出しましょう。負けた人は当てる側です。

第2章

密にならないでできる！

楽しくて クラスの雰囲気が よくなるあそび！

アイスブレイクにも最適！

11 イメージリレー

ねらい リズムよく言葉をつなげて楽しむあそびです。新学期やクラスの雰囲気を明るくしたいとき、アイスブレイクに。

あそびかた

先生

はじめのことば
リレーあそびをします。先生がテーマを言いますので、みんなは、思いついたものを答えていきます。つまってしまったら、アウトです。ルールは簡単なので、とりあえず、やってみましょう！

1 みんなでやってみる

テーマは「もし、100万円ゲットしたら？」

みんな

パンパン（手拍子）

みんな

パンパン（手拍子）

みんな

パンパン（手拍子）

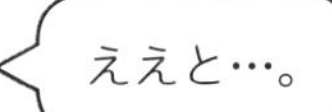

次のテーマに変わるいいチャンスをつくってくれてありがとう！
次は「もし空を飛べたら」でいきますよ！

2 グループでやってみる

誰が最後まで残るかな？　テーマは、「夏といえば？」

パンパン（手拍子）

パンパン（手拍子）

パンパン（手拍子）

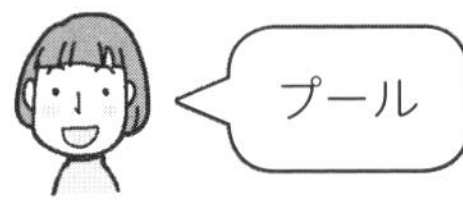

3 ペアでやってみる

どっちが勝つかな？　テーマは、「スポーツ」

パンパン（手拍子）

パンパン（手拍子）

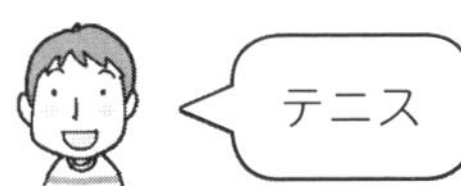

子どもが楽しくワクワクするコツ！

- 事前にテーマを募集しておくと、盛り上がります。
- 「もしもテーマ」は、「えー！」という回答が出やすいので、盛り上がります。例）「空を飛べたら」「生まれ変わったら」「このクラスの先生になったら」「願いが１つ叶うなら」「魔法が使えたら」「ドラえもんの道具を１つもらうなら」「明日地球が終わるなら」「日本以外の国に住むとしたら」など。

想像力と創造力でつながろう！

12 わたしは○○！なりきりクイズ！

ねらい 友だちのおもしろい発想を知ることができる楽しいあそびです。

あそびかた

先生

はじめのことば
「わたしは○○！なりきりクイズ！」をします。自分や友だち以外になりきって自己紹介クイズをつくりましょう。

1 例を示す

なりきりクイズ！スタートです！
①わたしは、「公務員」です。
②わたしは、「熊本出身」です。
③わたしは、「ゆるキャラ」です。
さて、この人は誰でしょう？
正解をみんなで言ってみましょう。せーの！

2 クイズをつくる

さあ、クイズをつくってみましょう！

3 やってみる

①わたしは、「いろんな色」です。
②わたしは、「学校で役立ち」ます。
③わたしは、「頑張れば頑張るほど小さく」なります。
さて、わたしは誰でしょう？

誰!?

このクイズをつくったのは誰ですか？答えは？

はい！わたしです。答えは、なんと！「消しゴム」です。

なるほど！たしかに！

4 ふりかえりをする

どんなクイズが心に残っていますか？

ぼくは、Aさんのクイズが
心に残っています。理由は…。

子どもが楽しくワクワクするコツ！

- なかなかアイデアが思いつかない子がいそうな場合は、キャラクターなどを黒板に貼っておくことで、アイデアが浮かびやすくなるでしょう。
- ヒントが①「刑事ドラマが好き」②「ネイルにハマってる」③「最近、ヨガを始めた」で、正解が「わたしのお母さん」のように、「そんなのわかるかーい！」とつっこみたくなるような紹介も楽しいです。

教室・オンラインでできる！／みんなであそぼう！ 

ありそうでない!?　なささうである!?

13 もしもアンケート

ねらい 多数派ではないマイナーな回答をつくって楽しむあそびです。失敗しても大丈夫だという温かい雰囲気でつながることができます。

あそびかた

先生

はじめのことば

もしもアンケートあそびをします。1位や2位などの上位の回答ではなく、35位など微妙な順位だったり、その他などありそうだけど少なかったりする回答をつくります。実際にやってみましょう。

1 数人の子でやってみる

「お弁当中身ランキング」1位は「卵焼き」、2位は「唐揚げ」、23位は？　レッツシンキングタイム！　それでは、いきますよ。せーの！　どんっ！

子持ちししゃも
ささみチーズフライ
白ごはん
バナナ

2 グループでやってみる

「宿題を出せなかった理由」1位は「やったけど忘れた」、2位は「ゲームしたかった」、1票しかなかったありそうでない理由は？

プリントが泣いていた

郵便屋さんに回収された

ロボット掃除機に食べられた

ランドセルが拒否反応を示した

3 代表決定戦をする

グループの代表同士で決定戦をします。テーマ「もらってうれしくない微妙な誕生日プレゼントは？」

馬一頭

広大な森林

計算ドリル

１m定規

4 ふりかえりをする

どんなアンケートが心に残っていますか？

「宿題がロボット掃除機に食べられた」が本当にありそうなので、気を付けようと思いました！

子どもが楽しくワクワクするコツ！

- 前日にテーマを発表しておくと、考えるのに時間がかかる子も参加しやすくなります。
- 代表決定戦は、ピンポンクイズのように、回答ができた人からどんどん発表していくスタイルだと盛り上がります。聞く側が、点数をつけて優勝を決めてもいいです。

恥を捨てて、大爆笑!?

ねらい 音楽に合わせて声を出さずに、口パクで歌います。発声はしません。全力で口パクをすることで、表情を使って歌うことも学べます。

あそびかた

先生

はじめのことば
これからみんなの知っている歌を流します。みなさんには「全力思い切り！」この曲を歌ってもらいます。まずは先生が少しだけ歌ってみますね。

1 先生の全力！口パクを見てもらう

それでは、先生の「全力思い切り！口パクカラオケ」、曲は「ぶんぶんぶん」です！どうぞ！（音楽を流して、口パクで「全力で」歌い始める）

2 みんなでやってみる

どのように取り組むかわかりましたか？　さあ、それではみんなでやってみましょう。間違えても、口パクだから誰も気付きませんから、全力で楽しんでくださいね！　それでは、〇年〇組の皆さんによる「全力！口パクカラオケ」で、「ぶんぶんぶん」です、どうぞ！

3 あそびをふりかえる

「全力！口パクカラオケ」はどうでしたか？

みんながすごく全力で歌っていたので、おもしろかったです！

１人でやるのは恥ずかしいけれど、みんなでやるから恥ずかしくなかったです。

4「全力！」の部分を変えてみる

次は「全力〇〇！」の部分を、違う表現の仕方に変えますね。「全力悲しそう！」に歌ってみましょう。それでは、〇年〇組による「全力悲しそう！口パクカラオケ」で「ぶんぶんぶん」！

5 あそびをふりかえる

今回の「全力悲しそう！」はどうでしたか？

曲と「悲しそう」の雰囲気があっていなくて、これはこれでおもしろかったです！

違う曲でもやってみたいです！

子どもが楽しくワクワクするコツ！

- 全力で思い切り歌っているような歌手の映像などを子どもたちと一緒に見ながら、口パクの仕方を学ぶのも、楽しいですね！
- 「悲しそうに」のほかにも「楽しそうに」「しっとりと」など、表現の仕方を変えることで、楽しむことができます。表現を変えるときは、表現に合った曲を選んでもいいし、まったく合わない曲でも曲の雰囲気と表現のミスマッチを楽しめます。

教室・オンラインでできる！／みんなであそぼう！ 

みんなで考えた「先生の話」を先生にしてもらおう！

15 「先生の話」原稿づくり

ねらい 先生の立場に立って、みんなに話したい内容を伝えることで学級の雰囲気をシェアすることができます。

あそびかた

先生

はじめのことば
次の学活の最後に、先生が話そうと思っている話をみんなに考えてもらおうと思っています。

1 内容を伝える

先生はいつもみんなのため、クラスのためになることを考えてお話をしてます。今日はみんなにその話を考えてもらいたいです。

みんな

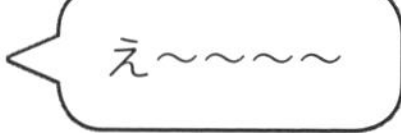

先生は、みんなが考えてくれた原稿を心をこめて読もうと思います！

2 原稿作成の手順を決める

それでは実際に考えてみよう！　いま、クラスで解決したいことや、やってみたいこと、みんなが笑顔になる話など、まず、話を聞いた後みんながどのような気持ちになっていたらいいかゴールを決めます。たとえば、高学年としてがんばったというようなゴールです。

ゴールが決まったら一度先生に教えてください！
決まったグループから原稿を考えてもらいます。

原稿は全部で２分くらいで読み終わるものにしましょう！

3 発表する

素敵な原稿がたくさんできました!!　それでは、この中から選出して２つ読みます！

（読み上げる）

4 ふりかえりをする

みんなの書いてくれた原稿を読んでみたけれどいつもの先生とどうだった？

ちょっと違った！

おもしろかった！

みんなクラスのことをこんなふうに思ってくれているのがわかって先生も楽しかったです！ありがとう。

子どもが楽しく ワクワク するコツ！

- テーマは「明日の運動会に向けて」などこちらで統一してもいいでしょう。
- 原稿の量は子どもの能力に合わせて調整するといいでしょう。

体内時計を働かせろ！

1分時計

ねらい 体内時計で時間を計るゲームです。静かに集中することができるので、子どもを落ち着かせることができます。

あそびかた

先生

はじめのことば
「1分時計」をします。 先生の合図で目をつむり、1分たったと思ったら目を開けましょう。

1 10秒で練習をする

まずは10秒で練習をしましょう。10秒たったら、目を開けましょう。（10秒ちょうどのタイミングで、文字や記号を見せる）

先生が出した文字がわかる人？

「あ」です！

正解です！

2 1分でやってみる

次は1分でやりましょう。しっかり目をつむり、数えましょう。

教室・オンラインでできる！／みんなであそぼう！ 

先生に注目！　話し手の目を見ながら話を聞く

17 感情0か100ゲーム

ねらい **感情0、感情100を表現したものを見せ合うゲームです。子どもたちそれぞれの表現をみんなで楽しみます。**

あそびかた

先生

はじめのことば
今から「感情0、感情100」というあそびをします。感情0を体全体で表してください。そして、自分のタイミングで急に感情100を体全体で表してください。

1 数人の子でやってみる

では、「感情0、感情100」に挑戦してくれる人はいますか。（何人かに取り組んでもらう）

2 一番笑顔になった人を決める

「感情0、感情100」を何人かにしてもらいましたが、一番笑顔にさせてくれた人は誰ですか？

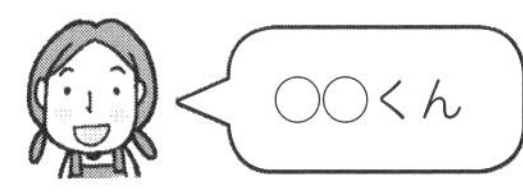

○○くんが一番多いですね。みんなで拍手をしましょう。

教室・オンラインでできる！／みんなであそぼう！ 

言葉の意味やつながりを考えよう！

18 禁止ワード！しゃべったらだめよ！

ねらい 言葉を発する前に自分の言葉を一度ふり返るくせや、さまざまな表現方法がないか言葉のつながりを考える力がつきます。

あそびかた

先生

はじめのことば

今日は禁止ワードをしゃべらないでみなさんに上手にスピーチをしてもらいます！

1 今日のお題とルールを伝える

今日の禁止ワードは「数字」です。数字を使わないで自分の誕生日についてみんなに説明してください。ちなみに指や体でのジェスチャーも禁止です。

2 表現方法の例を伝える

試しにやってみます。一番といったら何があるかな？

富士山！金メダル！

そうですね！　生まれた月は日本の山の高さでは富士山の順位です。

1月！

正解！　ではスピーチを考えよう！

教室・オンラインでできる！／グループ・ペアになってあそぼう！ 

えー！本当に!?

19 クエスチョンYes or No

ねらい 質問をしたり、回答をしたりして、反応を楽しむあそびです。

あそびかた

先生

はじめのことば
このあそびは、質問者と回答者の２つの役割があります。質問者は、黒板に書かれたテーマをもとに、回答者に質問します。回答者は、質問に Yes か No のどちらかで答えます。でも、テーマは知らないので、回答がおかしくなることがあります。その反応を楽しむあそびです。

1 試しにやってみる

では隣同士でペアになって、回答者をやってみたい人？　質問者をやってみたい人？　回答者は黒板を見ないでくださいね。（テーマ→ゴリラと書く）それでは、質問者は質問をどうぞ。

これのこと、好きですか？

はい。

えー！

会ったことありますか？

いいえ。

動いている人はいないかな？

マネキンチャレンジ

ねらい 子どもたちを落ち着かせたいときや、学習の合間、短い時間で楽しみたいときに行うあそびです。簡単に盛り上げることができます。

あそびかた

先生

はじめのことば

今から「マネキンチャレンジ」をします。集中をして友だちの動きをよく見るようにしましょう。

1 やり方の説明をする

これから５・６人のグループに分けます。ジャッジ役（動いた人を当てる役）を１人決めましょう。そのほかの人は、スタートの合図でマネキンのように動かずに固まります。ジャッジの人は、動いた人がいれば、「○○さん動いた！」と言いましょう。最後までジャッジの人に指摘されなかった人の勝ちです。まばたきをすることや、目が動くことも禁止です。

2 先生がジャッジ役をして全員でやってみる

練習してみましょう。先生がジャッジをします。
先生の合図で固まりましょう。よーい。スタート！

みんな

（マネキンのように固まる）

○○さん動きました！まばたきをしました。

（何人か動いた人と動いた内容を指摘する）では、終了です。

3 グループに分かれてやってみる

では、グループに分けるので、ジャッジ役を交代しながらやってみましょう。

子どもが楽しく ワクワク するコツ！

- 少しの動きもアウトにすると盛り上がります。
- 真顔で固まる子どもが多くなります。慣れてきたら、笑顔、手を挙げる、ピースをするなど、動きを指定すると難易度を上げることができます。

教室・オンラインでできる！／グループ・ペアになってあそぼう！ 

連想ゲーム！９つの言葉を想像×創造する！

21 キーワードナイン

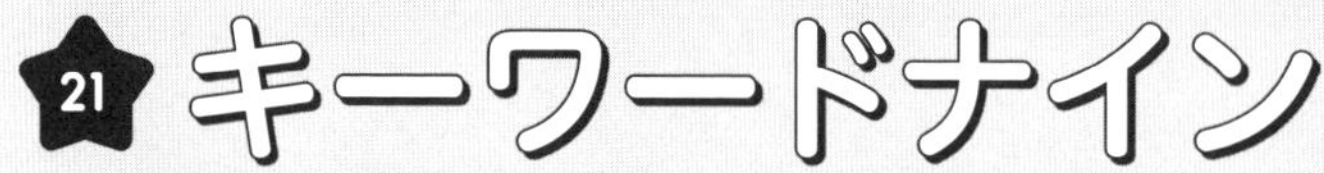

ねらい あるテーマからイメージを広げて、言葉を使ってテーマを当てるあそびです。知識にとどまらず、想像力と創造力が求められます。

あそびかた

先生

はじめのことば

キーワードナインをします。９つの言葉を使って、あるものを表現し、当ててもらうあそびです。

1 例を示す

まず、テーマくじをひきます。次に、テーマに合うキーワードを９つ考えます。９つ思いつかない人は、同じ言葉を繰り返し書いても大丈夫です。それでは、キーワードを発表します。①先生②子ども③勉強④給食⑤掃除⑥遠足⑦運動会⑧宿題⑨プリントです。テーマは何でしょう？せーの！

2 グループ（ペア）でやってみる

代表の人にテーマと９マスシートを渡します。
時間は３分間です。それでは、スタートです。
１回目が終わったら、役割を交代しましょう。

3 発表する

みんなに紹介したいキーワードナイン
はありますか？

はい！キーワードは①黄色②黄色③黄色④黄色⑤黄色⑥ゴリラ⑦世界一⑧おいしい⑨果物です。テーマは何でしょう？

バナナです。

正解です！黄色ばかりで
おもしろかったです。

4 むずかしいバージョンに取り組む

むずかしいバージョンです。①木②赤③赤
④赤⑤赤⑥果⑦実⑧緑⑨食。何でしょう？

りんご？

正解です。

子どもが楽しく ワクワク するコツ！

- 「漢字一文字だけで表す」などの制限を加えると、難易度の調整もできます。
- 慣れてきたら、先生がテーマを決めるのではなく、子どもがテーマを決めてみるのもいいでしょう。

教室・オンラインでできる！／グループ・ペアになってあそぼう！ 

せーの！で心を合わせよう

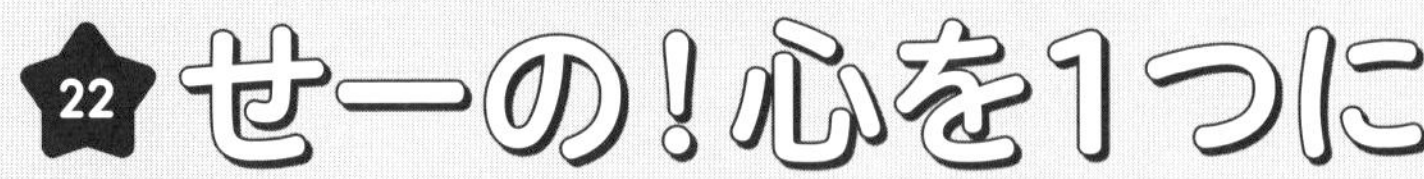

ねらい お互いの気持ちを読み合うことで、友だちについてより知ることができます。

あそびかた

先生

はじめのことば
あるテーマに沿って、みんなが書きそうな答えを書くあそびです。全員同じ答えになったら成功です。それではやってみましょう。

1 数人の子でやってみる

「赤いフルーツ」と言えば？　ホワイトボードに書きましょう。それでは、一斉にいきますよ。せーの！

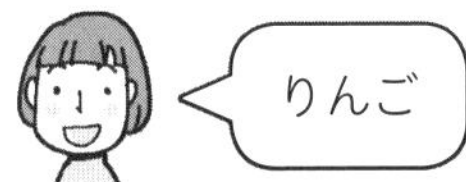

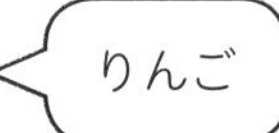

いちご

あーおしい！

2 ペアやグループ、みんなでやってみる

「○○の秋」と言えば？

教室・オンラインでできる！／グループ・ペアになってあそぼう！ 

どんどんどんどんつなげよう

23 かぶっちゃやーよ

ねらい 新しいアイデアをどんどんつなげていくあそびです。友だちの考えも楽しく知ることができます。

あそびかた

はじめのことば
先生が言った言葉から思いつくものを、どんどん書いていきましょう。

1 例を示す

テーマは、学校です。学校で思いつくものを、どんどんつなげていきますよ。時間は1分間です。

2 ペアでやってみる

書き終わったら、ペアと見比べてかぶっていない言葉の数を数えましょう。どのペアがいっぱいアイデアを出せるでしょうか？それでは始めましょう。

3 ふりかえりをする

友だちのアイデアを見て、これは思いつかなかったな！というものはありましたか？

教室・オンラインでできる！／グループ・ペアになってあそぼう！ 

逆から読んでみよう

24 なんでも逆さ読み

ねらい 間違っても大丈夫な楽しい雰囲気をつくります。

あそびかた

先生

はじめのことば

聞いた言葉を反対から読むあそびです。間違っても楽しいあそびなので、何回もチャレンジしてみましょう。

1 みんなでやってみる

いちご

ごちい

一年一組

みく、難しい！

プリン

ンは最初でもいいんですか？

ンリプでいいですよ。

2 グループ（ペア）でやってみる

じゃんけんで勝った人から問題を出しましょう。負けた人は答える側です。答える側がつまってしまったら、役割を交代しましょう。

教室・オンラインでできる！／グループ・ペアになってあそぼう！ 

グーチョキパーじゃないじゃんけん!?

25 なりきりじゃんけん

ねらい ペア対抗戦のじゃんけんに、ある芸能人をまねした楽しい合いの手を入れることで、楽しい雰囲気をつくります。

あそびかた

先生

はじめのことば

なりきりじゃんけんは、３連続あいこできたら勝ちのペア対抗戦です。あいこにならなかったときは、「どんだけ〜」と言って０回からやり直しです。あいこになったときは、「まぼろし〜」と言います。３連続で「まぼろし〜」ができたら勝ちのあそびです。

1 ボランティアの子とやってみる

最初はぐー、じゃんけん、ぽん。

（ぐー）

（ちょき）

どんだけ〜

最初はぐー、じゃんけん、ぽん。

（ぱー）

（ぱー）

まぼろし〜

上手に言えるかな？

26 嚙んじゃやーよ

ねらい 言いづらい言葉を繰り返し言うあそび。間違っても大丈夫な雰囲気がつくれます。

あそびかた

先生

はじめのことば

言いづらい言葉を繰り返し言うあそびです。先生が言った言葉を5回繰り返してください。言えたら席に着いてください。時間は1分です。

1 やってみる

「肩たたき券」

かたたたきけん、かたたたきけん……

2 上手に言えた子に発表してもらう

2回とも1分以内に言えた人、みんなの前でやってもらおうかな。自信がある人は、前に出てきてください。言葉は、「卒業証書授与」です。

そつぎょうしょうしょじゅよ……

難しくて言えない人もいましたが、ナイスチャレンジでしたね！みんなで拍手しましょう。

教室・オンラインでできる！／一番はだれかな？競ってあそぼう！  

想像力を働かせ、連想を深めていこう！

27 思いやり言葉づくり

ねらい 漢字を組み合わせて、新しい言葉をつくるあそびです。想像力とひらめきで楽しみましょう。

あそびかた

先生

はじめのことば
いろいろな漢字を組み合わせて新しい言葉をつくってみましょう。ただし、誰かを傷つける言葉はいけません。

1 今日のお題を伝える

では、今日は「ありがとう」でつくってみましょうか。

2 お手本をみせる

先生が考えたものをみなさんに見せますね。**「有理我十得」**これは「ありがとう」の言葉には 10 の得する理由があるという意味を込めた言葉です。みなさんにもオリジナルの言葉が考えられますか？

漢字辞典で調べてみてもいいですよ。

わかった！

それでは考えてみましょう。一番たくさん思いついた人に拍手しましょう。

笑った話

第3章

密にならないでできる！

体を動かす
あそび！

友だちの動きに注目！　いろいろな動きをして楽しもう

28 震源地は誰だ？

ねらい **震源地（動きの指示を出している人）を当てるゲームです。いろいろなおもしろい動きを楽しむことができるようになります。**

あそびかた

先生

はじめのことば

今から「震源地は誰だ？」をします。友だちの動きによく注目して、いろいろな動きをして楽しみましょう！

1 あそびかたを説明する

1. 全員が輪になります。
2. オニを１人か２人決めます。オニは目をつむって部屋の隅か、部屋の外に出ます。
3. オニがいないうちに、震源地になる人を決めます。
4. 震源地の人は拍手をしたり、ジャンプをしたりいろいろな動作をします。
5. ほかの人は震源地の人の動きをまねします。
6. 震源地が動き始めたら、オニを呼び、オニは輪の中心に入ります。
7. 震源地の人は動きをどんどん変えていき、ほかの人はその動きをすばやくまねします。
8. オニは震源地が誰なのかを当てます。当てることができたらオニを交代します。

2 実際にやってみる

全員で輪になりましょう。オニの人は部屋の隅に行って目をつむっていてください。今回の震源地はこの人です（名前を言わないように、指を差したり、手を挙げさせたりする）。では、震源地の人は動き始めましょう。ほかの人は震源地の人の真似をします。

震源地の人はオニが見ていない間にどんどん動きを変えましょう。

震源地は○○さんだと思います。

正解！では、次のオニを決めましょう。

3 ふりかえりをする

震源地がオニにばれないコツを見つけましたか？

オニが見ていないすきに動きを変えます。

周りの人が全員震源地の人を見ると見つかりやすいので、震源地の向かいの人や、自分の隣の人を見ます。

大きく動きを変えないで、少しずつ変化させます。

子どもが楽しくワクワクするコツ！

- 慣れてきたらオニを２人にしましょう（３人以上は震源地が見つかりやすくなるので避けましょう）。
- 大人数でも、６～７人のグループでも楽しむことができます。

教室でできる！／みんなであそぼう！ 

体を大きく使おう！

ねらい 体を大きく使ってじゃんけんをします。誰もが気軽に取り組めるため、体育の導入や、学級での簡単な運動に最適です。

あそびかた

先生

はじめのことば
今から「体を使ってじゃんけん」をします。 体を大きく使って、楽しみましょう。

1 体を使ったじゃんけんの表し方を決める

じゃんけんの表し方を決めましょう。

グーは足を揃えてしゃがみます。

チョキは足と手を前後に開きます。

パーは手も足も横に開いて、大の字にします。

2 実際に先生と対決する

先生と対決しましょう。最初はグー！じゃんけんぽん！

※タイミングを揃えるため、「最初はグー！」を入れます。

3 いろいろなやり方でやってみる

1. 後出しじゃんけんで先生に勝ったり負けたりしましょう。
2. ペアやグループでやってみましょう。
3. リーダーを１人決めて、勝ち残り戦にしましょう。
4. クラスを２つや３つに分けて、チーム戦でやってみましょう。
5. 動物の真似など、ポーズをいろいろ変えてやってみましょう。

4 ふりかえりをする

大きく体を使うことができましたか？　じゃんけんを楽しみながら運動することができます。休み時間にもやってみましょう。

子どもが楽しくワクワクするコツ！

- 慣れてきたら、じゃんけんのテンポを上げて、連続で何度もじゃんけんをします。そうすることで、盛り上がることもでき、体を温めることもできます。
- 朝の会や帰りの会などで日直とのじゃんけんを取り入れることもできます。

教室でできる！／みんなであそぼう！ 

話し手がどんなことを言っているのか聞き分ける

ねらい 人の話をよく聞きながら行動するゲームです。曖昧な言葉をしっかりと聞き分けられるようにします。隙間時間にあそぶことができます。

あそびかた

はじめのことば
それでは「命令・船長さんゲーム」を始めます。「船長さんの命令です」の後に言われた行動と同じ行動をしてください。「船長さんの命令です」がないときに言われた命令を聞いて行動してはいけませんよ。

1 先生と一緒にゲームをする

それでは「命令・船長さんゲーム」を始めます。
船長さんの命令です。右手を挙げてください。

（右手を挙げる）

船長さんの命令です。左手を挙げてください。

（左手を挙げる）

右手を下ろしてください。

（右手を下ろしてしまう子が出る）
うわー！やってもうた！！

それでは、右手を下ろしてしまった子は座ってください。

※少しずつ立っている人数が減っていきます。

② 子どもが船長さんになってゲームをする

船長さんの命令です。ジャンプをしてください。

（ジャンプをする）

店長さんの命令です。右手を振り回してください。

（右手を振り回す子が数名出る）え？なんであかんの？

さっきのは「船長さん」じゃなくて「店長さん」って言いました。

うわっ、ちゃんと聞いてなかった…。

※船長さん役をどんどん交代していきます。

子どもが楽しく ワクワク するコツ！

- 最初は「船長さんの命令です」を言ったか言わなかったかで進めていきますが、徐々に「店長さんの命令です」「船長さんが言いました」など、言葉を変化させていくと失敗する子が出てきて盛り上がります。
- 船長さん役をやりたい子がたくさん出てくると思います。徐々に子どもたちだけでゲームを進められるようにするとよいでしょう。

教室でできる！／みんなであそぼう！ 

じゃんけんしながら変身！誰が一番に変身できるだろう

31 変身じゃんけん

ねらい じゃんけんをしながら変身していくゲームです。ゲームを通して、クラスのいろいろな友だちと関わることができます。

あそびかた

先生

はじめのことば

今から「変身じゃんけん」というあそびをします。じゃんけんをして、ヘビ、カエル、ウサギ、サル、人間の順番で、人間までいったらゴールです。

1 ゲームの内容を説明する

1．それでは変身じゃんけんを始めます。最初は全員ヘビです。
2．まずはヘビのような動きをしてだれかとじゃんけんをします。勝った人はカエルに変身します。
3．カエルはカエルのように動きます。負けた人は、またヘビの人を探してじゃんけんをします。
4．さらに勝つとウサギのようにジャンプしながら動きます。
5．同じようにじゃんけんを繰り返して、サル→人間と変身します。人間になったらクリアです。
　負けたら前の動物に戻ってしまいますよ。同じ立場の人としかじゃんけんすることができません。さぁ、始めましょう。

2 実際にゲームを行う

全員、動きを練習してみましょう。

それではやってみましょう!!
誰が最初にクリアできるかな?

勝った!! カエルの人どこやろ?

あかん、負けた、ヘビに戻ってしまった…。

やったー!人間までいった!クリア!

3 ふりかえりをする

いろいろな動物に変
身できましたか?

ヘビの動きがつかれた!

子どもが楽しく ワクワク するコツ!

- 単純にゲームをするだけでも盛り上がりますが、変身するものを変えたり、順番を変えたりするとさらに盛り上がります。
- ルールを子どもたちと考えると、子どもたち自身がワクワクするものになるでしょう。実際にゲームをしている子どもたちは「もっとこうすれば…」と思っているので、その意見を取り入れてもいいでしょう。

アイコンタクトで伝わるかな？

32 ウインクどっきゅん

ねらい しゃべらずにコミュニケーションをとることのできる楽しいあそびです。

あそびかた

先生

はじめのことば
ウインクキラーを、警察が見つけるあそびです。ウインクキラーと警察を１人ずつ決めます。それ以外の人たちは、教室を歩き回ります。ウインクキラーになった人は、警察に見つからないように、友だちにどんどんウインクをしていきます。ウインクをされた人は、その場で倒れます。 警察は、制限時間終了後にウインクキラーを当てたら勝ちです。ウインクキラーは時間内に必ず○回はウインクしましょう。

1 警察とウインクキラーを決める

警察やりたい人いますか？　じゃんけんで決めましょう。ウインクキラーは、先生が決めます。背中をトントンされた人がウインクキラーです。それでは、ウインクキラーを決めるので、みんな目を閉じてください。

2 みんなでやってみる

時間は２分間です。教室をぐるぐる歩いてウインクキラーを見つけましょう。

うわ～（倒れる）

時間です。警察の○○さん、ウインクキラーはわかりましたか？

教室でできる！／みんなであそぼう！ 

指示通りに体を動かそう

33 あっちむいてこっちむいて

ねらい 集団行動をしながら体をほぐすことのできるあそびです。

あそびかた

先生

はじめのことば
先生が笛を吹いたときは指示に従います。笛を吹かなかったときは、指示に従ってはいけません。みなさんは、足踏みをしながら、先生の動きのまねをしてください。先生も足踏みをしながら、右を向いたり、左を向いたり、ジャンプをしたりします。時間は○分間です。

1 数人の子でやってみる

体育係さん、前にきてください。それでは、やってみましょう。よーい、スタート！（笛なし）

（足踏みし始める）

よーい、スタート！とは言いましたけど、笛は吹いてないですよ？

2 みんなでやってみる

制限時間１分でやってみましょう。よーい、スタート！（笛）

- 「よーい、スタート！」だけではなく、「終わり！」で笛を吹かないという定番のボケがあります。

教室でできる！／みんなであそぼう！ 

リーダーは誰だ！

34 バレるな！まねまね

ねらい 教室でも体を動かしながら楽しめるあそびです。

あそびかた

先生

はじめのことば
まねまねリーダーとまねまねフォロワーと解答者の３つの役割があります。まねまねリーダーの動きをフォロワーがまねをして、解答者がリーダを当てます。ほかのみんなはフォロワーです。

1 役割を決める

解答者はＡさんです。リーダーは、背中をトントンされた人にします。それでは、みんな目を閉じてください。

2 みんなでやってみる

円になりましょう。解答者は、真ん中にいきましょう。制限時間は１分。よーい、スタート！

解答者のＡさん、まねまねリーダーは誰でしょうか？

まねまねリーダーは、Ｂくんです。

正解です。

教室でできる！／みんなであそぼう！ 

5人で協力して大きな手になろう！

35 協力じゃんけん

ねらい 5人グループで手の5本の指を1本ずつ分担し、大きな手となってじゃんけんをします。子ども同士の関わりをつくることができます。

あそびかた

先生

はじめのことば
今から「協力じゃんけん」をします。5人で1つの手になってするじゃんけんです。

1 やってみながら説明する

ではこのグループで説明しますね。グループの5人で、親指、人差し指、中指、薬指、小指の担当を決めます。そうしたら左側が親指になるように順番に並びましょう。（お手本グループにやってもらう）

グーを出すときは、全員しゃがみます。パーを出すときは、全員立ちます。では、チョキのときはどうなるかな？

人差し指と中指だけ立つ！

そうですね。

2 みんなでじゃんけんをする

グループで、誰が何指を担当するかを決めて、最初に何を出すかも決めましょう。では始めますよ。

教室でできる！／みんなであそぼう！ 

タイミングよく座れ！かぶったらやり直し！

36 かぶらずに座れ！

ねらい 周りの人とかぶらないように座るゲームです。クラス全員がかぶらずに座ることができたら、達成感を味わうことができます。

あそびかた

先生

はじめのことば
今から「かぶらずに座れ」というあそびをします。うまくいかなくても、何度もチャレンジしてみましょう！

1 やり方の説明をする

全員立ちましょう。リズムに合わせて座っていきましょう。誰も座らなかったり、２人以上が同時に座ってしまったりすると最初からやり直しです。

※リズムは手拍子やメトロノームなどを活用します。

2 アレンジ方法

1. 誕生月順に座りましょう。
2. 目をつむってやりましょう。
3. かぶらずに立て！をしましょう。

教室でできる！／みんなであそぼう！ 

準備いらず！教室ですぐに取り組める

37 4マスとり

ねらい ペアやグループで話し合うことで、仲のよさを深めることができます。

あそびかた

先生

はじめのことば

今から「4マスとり」というあそびを行います。教室を4等分して、1、2、3、4と番号を決めます。1人が教室の真ん中に目をつぶって立ちます。ほかのみんなは時間内（2分）に1～4のどれかに移動してください。移動後、真ん中に立っている人が言った番号がアウトになり、席に座ります。班で（ペアで）話し合って、アウトにならないで誰か（どちらか）が生き残れるようにしましょう。最後まで生き残れる人がいた班（ペア）が勝ちです。

1 数人の子でやってみる

先生が真ん中の人をして、例をやってみます。

グループ

（子どもたち数人が動く）

3の人、座りましょう。

（3の人が座る）

2 実際にやってみよう！

では、みんなでやってみましょう。真ん中の人をしてくれる人いますか？

教室でできる！／みんなであそぼう！ 

体操にスピード変化を！

38 ○倍速ラジオ体操

ねらい 楽しく体を動かしながら、心もほぐします。

あそびかた

先生

はじめのことば
今からみんなでラジオ体操をします。先生のまねをしてください。スピードが途中で変わるので、気を付けてくださいね。それでは、スタート！

1 普通の速度でやる

まずは普通のスピードで。

2 0.5 倍速でやる

うわあ。めっちゃ遅い！意外ときつい！

3 2倍速でやる

え！速すぎる！追いつかないよ！

4 普通の速度でやる

普通の速度に戻します。

これ普通？なんか遅く感じる！

教室でできる！／みんなであそぼう！ 

あいこにならずにゴールを目指そう

じゃんけんリレー

ねらい じゃんけんで楽しくコミュニケーションをはかる。

あそびかた

先生

はじめのことば

最初に一番前の机に座ってる人たち立ってください。机の列の順に前から後ろに向かって順番にじゃんけんします。あいこにならずに４人連続いけたらゴールです。あいこは最初に戻ります。

1 数人の子でやってみる

それでは、前の人立ってください。試しにやってみましょう。

最初はぐー、じゃんけん

ぽん（ぐー）

ぽん（ぱー）

次に進みます！

最初はぐー、じゃんけん

ぽん（ちょき）

ぽん（ちょき）。わ！最初からだ！

教室・オンラインでできる！／みんなであそぼう！ 

感情表現を豊かに！

一流の○○選手権

ねらい お互いの感情表現を知り、楽しく気持ちのコミュニケーションをとれるようにします。

あそびかた

先生

はじめのことば
今からみなさんには、一流のリアクションをしてもらいます。

1 例を示す

まずは、一流の喜び方選手権です。せーの！

※最初に教師も一緒にやってお手本を示すと、子どもたちもイメージをつかみやすくなります。

ガッツポーズをしたりジャンプをしたりする人もいるのですね。いろいろな喜び方があって楽しいですね。

2 やってみる

一流の悲しみ方選手権です。せーの！

一流の怒り方選手権です。せーの！

一流の静かに仕方選手権です。せーの！

一流のほめ方選手権です。せーの！

3 ふりかえりをする

一流のリアクションを見つけられましたか？

静かに仕方選手権のときに、背筋を伸ばす人もいれば、本を読むリアクションをする人もいて、いろいろな静かな仕方があって、おもしろかったです。

子どもが楽しく ワクワク するコツ！

- 恥ずかしがり屋ではない子を活躍させるチャンスですので、どんどんお手本としてやってもらいましょう。
- 感情表現が苦手な子は無理をさせずに、見て楽しむだけでも大丈夫だよという安心感があると、より楽しくあそべるでしょう。
- 一流の基準は、投票やアンケートで決めてもいいですが、楽しむことが優先です。

教室・オンラインでできる！／みんなであそぼう！

心と体をほぐそう

41 アニマルヨガポーズ

ねらい **動物のポーズで、心と体をほぐすあそびです。**

あそびかた

先生

はじめのことば
動物のポーズをまねして、心と体をほぐしていきましょう。先生のまねをしてくださいね。

1 みんなでやってみる

1つ目、「ナマケモノ」のポーズ。
だらーん。

2つ目、「アザラシ」のポーズ。
よいしょ！うーん。

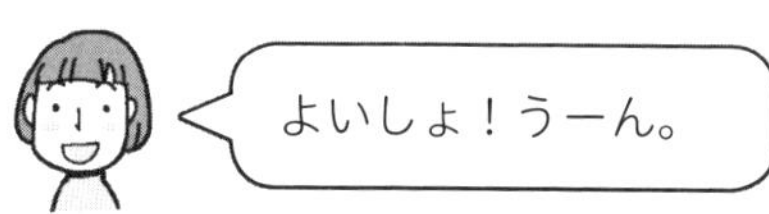

2 ふりかえりをする

難しいポーズもあったかもしれませんが、楽しくできましたか？　今度は、自分たちでポーズを考えてみましょう。

3 ペアやグループでやってみる

時間は３分です。１つは考えてやってみましょう。

ほかにどんな動物がいるかなあ。

ペンギンとかできないかな？

よし、やってみよう！

●その他ヨガポーズ例
https://www.yogaroom.jp/yogahack/yogapose

教室・オンラインでできる！／みんなであそぼう！ 

どこまで積み重ねられるかな？何度もチャレンジ！

42 紙コップタワーあそび！

ねらい 紙コップのタワーをたくさん積み重ねるゲームです。紙コップがあれば何度でもでき、試行錯誤する体験を重ねることができます。

あそびかた

先生

はじめのことば
紙コップでタワーをつくってみよう！（紙コップを見せながら）どれくらい高く積めそうかな？

1 紙コップを用意する

紙コップを机の上に用意してください。

2 紙コップの積み方について考える

どのように紙コップを積んだら、高く積めるかな？

互い違いに積んだら、高くなりそうだね？

どんどん上に積んでいく方法はないかな？

少しやってみてもいい？

3 練習タイムをとる

実際に紙コップの積み方を練習してみよう。時間は１分です。１分たったら、紙コップはもとに戻してくださいね。

4 時間を決めて遊び始める

高く積めそうな積み方は思いつきましたか？　崩れてしまっても、何度もやり直していいですからね。制限時間は５分です。それでは、よ〜い、スタート！

先生！見て！こんなに高くなったよ！

僕のタワーは、なんだかお城みたいだ！

5 友だちと作品の交流をする

みんなの作品を見てみよう！　高く積めた人も、高く積もうと思ったけどおもしろい積み方になった人もいますね。どの子も、積み方を考えながら取り組むことができましたね。どんなときも、紙コップタワーで遊んだときのように、繰り返しチャレンジできるといいですね！

子どもが楽しくワクワクするコツ！

- できるだけたくさんの紙コップを用意しておくと、どんどん積んでみようという意欲が生まれます。
- オンラインであれば、カメラをオフにしておいて、時間になったら一斉にオンにして作品を見せ合うと楽しい。

意外と難しいぞ!?

43 どれだけ長くちぎれるかな？

ねらい 新聞紙を手でちぎって、できるだけ長く伸ばすあそびです。集中する時間を延ばすことや、どうしたらうまくいくか考える経験を積みます。

あそびかた

先生

はじめのことば
みなさんに新聞紙を１枚渡します。これから、新聞紙をできるだけ長くちぎっていってください。途中でちぎれないように取り組んでみてくださいね。

1 ちぎり方をイメージさせる

どうやったら、１番長くちぎることができそうかな？

すごく細くちぎっていけばいいよ。

なるほど、では早速やってみよう！

2 ゲームの感想を交流する

ちぎってみてどうでしたか？

思っていたより難しいね。今度は違うちぎり方をしてみたいな。

私がちぎっていった向きだと、なんだかちぎりにくかったよ。今度は違う方向からちぎってみようかな。

3 もう一度取り組む

うまくいかなかったことがいろいろあったみたいだね。うまくいかなかったことを「どうしたらうまくいくかな」と考えていて、すごいと思いました。２回目はどうかな？それでは、よーい、スタート！

4 ふりかえりをする

２回目はどうでしたか？

やっぱり、ちぎりやすい向きがあると思ったよ！

２回目のほうが、長くできたよ！廊下に出て比べてみたいな。

集中していたから、あっという間に時間になっちゃったね。楽しい！

子どもが楽しく ワクワク するコツ！

- ２回取り組むことがコツです。最初は、うまくいかなかったという経験をさせるといいでしょう。うまくいかなかった経験から、「どうしたらうまくちぎれるか？」を考える意欲につながります。
- オンラインで取り組む場合は、長さを測ることのできるものを用意してもらい、おおよその長さを測るようにします。自分の記録をつけさせ、１回目と２回目を比べることもできます。

しゃべらずちゃんと伝わるかな？

44 七変化!?ジェスチャーゲーム

ねらい 友だちにどうやったら伝わるかを考えながら、楽しく体を動かせるコミュニケーションあそびです。

あそびかた

先生

はじめのことば

ある言葉を、しゃべらないで伝えるゲームです。グループ（ペア）でやります。まず、ボランティアの人にやってもらいましょう。それ以外のみんなは当てる側です。制限時間は 30 秒にします。

1 数人の子にやってもらう

（ボランティアの子に）
テーマは「ウルトラマン」です。
それでは、やってみましょう！

（ジェスチャーをする）

わかった人！

ウルトラマン

もう１つやってみましょう。テーマ「学校の先生をするおまわりさん」

（ジェスチャーをする）

わかった人！あれ？いない？「学校の先生をするおまわりさん」でした。

みんな

えー！

2 グループ（ペア）でやってみる

じゃんけんで勝った人から当てる側をしましょう。ジェスチャー側の人にテーマを配りますね。制限時間は30秒です。成功したら、席に着いてください。それでは、スタート！

3 ふりかえりをする

特におもしろかったテーマを紹介してくれませんか？

「お手玉をするゴリラ」です。

自分だったら、こうする！というアイデアを思いついた人いませんか？

子どもが楽しくワクワクするコツ！

- 1回のゲームの制限時間を長くし、テーマのクリア数を競うグループ対抗戦もできます。テーマを複数にし、役割を交代すると、より平等に体験できます。
- テーマ例）食べ物、動物、人、アニメ、国、スポーツ、乗り物、イベントなど。
- 「野球をするふなっしー」（スポーツ＋キャラクター）のように「そんな組み合わせあり !?」という組み合わせがあると盛り上がります。

ゴールを目指せ！　楽しみながら投力を上げよう

45 新聞ボールでゴールを目指せ！

ねらい 簡易の新聞ボールで、さまざまなゴールを目指す遊びです。楽しみながら投力を上げることができます。

あそびかた

先生

はじめのことば
今から「新聞ボールでゴールを目指せ！」をします。

1 新聞ボールをつくる

新聞紙１枚を丸めて、ガムテープで簡単に巻きます。

2 いろいろな投げ方を試す

新聞ボールを投げてみましょう。遠くに投げたり、真上に投げたり、いろいろな投げ方をして、投げるコツをつかみましょう。

3 ゴールまでの時間を競う

スタート（教師が決めた任意の場所）からゴール（かごや、壁、フラフープなどにする）まで、新聞ボールを何度も投げ、早くゴールに着いた人が勝ちです。ボールを投げる回数は関係ありませんが、持って走るのはダメです。それではスタート！

4 ゴールまでの回数で競う

次はゴールまでの回数で競います。ゴールに着くまでに投げた回数が一番少ない人が勝ちです。

5 ふりかえりをする

新聞ボールを投げるときのコツはありますか？

投げる前に新聞ボールを手で固めて投げます。

子どもが楽しくワクワクするコツ！

- ハンデをつけたり、スタートの場所を変えたりすると盛り上がります。
  例）１回戦に勝った人はスタートの位置を下げる。勝った人同士、負けた人同士で２回戦を行う、などの工夫ができます。
- 体に当たっても痛くないため、ドッジボール的な使い方も可能です。

目指せ、チャンピオン!!

46 新聞ボールdeゲートボール！

ねらい 身近な素材を使ってあそびをつくるあそびです。自分たちであそびをつくる経験は、あそびを工夫する楽しさを感じることにつながります。

はじめのことば

みなさんは、「ゲートボール」というスポーツを知っていますか？今日は新聞紙でゲートボールをつくり、やってみましょう。

1 ボールとスティックをつくる

新聞紙をくしゃくしゃに丸めて、ボールをつくります。それから、2、3枚重ねた新聞紙をクルクルと丸めて丈夫な棒をつくりましょう。棒の先をボールが打てるくらいに曲げて、粘着テープで留めたら、スティックの完成です。

2 ゲートをつくる

ゲートはコーン2つでつくります。2つのコーンの間がゲートです。運動場（体育館）のいろいろなところに置き、点数を書いた紙を貼っておきます。

3 ゲームの説明をする

ゲートのところに、ボールを通してあそびます。最初に打って、ボールが止まったところから次のショットがスタートです。ゲートに点数が書いてあります。10回打って、合計点数が多い人が勝ちです。ただし、同じゲートに2回通してはいけません。それでは、いつもの班ごとに分かれてゲームをしましょう。班のグループの中で最初にボールを打つ人を決めてください！

4 合計点数を計算する

全員が 10 回打ち終わったら、合計点数を数えてください！　一番は誰かな？

子どもが楽しくワクワクするコツ！

- ゲートの広さを変えて点数に差をつけると、ドキドキ感が増します。
- 本物のゲートボールのルールとは異なりますが、徐々にレベルを上げ、「相手のボールにボールをぶつけて邪魔をする」などのルールを採用してもいいでしょう。

体育館や校庭でできる！／みんなであそぼう！ 

狙って飛ばそう！

47 紙飛行機ぴったり着陸

ねらい ボールよりも得意不得意が出ない紙飛行機で投げる運動を楽しみます。

あそびかた

先生

はじめのことば
紙飛行機を投げて、あの円（四角）の中に入れましょう。うまく飛ばすことができるでしょうか？　班の中で誰か（隣の人とペアでどちらか）が入ったらその班（ペア）は勝ちです。

1 試しにやってみる

みんなで練習してみましょう。誰が一番近くに飛ばせるかな？

Bくん、○m○cm！

意外と遠かったなあ。

2 みんなでやってみる

それでは、本番です。順番にやってみましょう。

体育館や校庭でできる！／みんなであそぼう！ 

新聞ボールであそんじゃお！

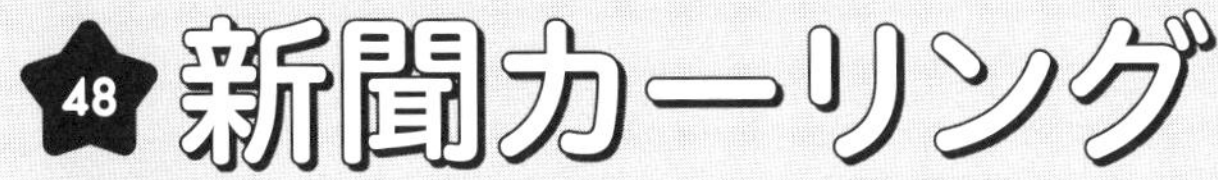

48 新聞カーリング

ねらい 優しく投げるので、室内でも安全に楽しく遊ぶことができます。

あそびかた

先生

はじめのことば

新聞ボールを投げて、中心の的から３ｍ以内のボールが多かったグループの勝ちです。「カーリング」のルールに似ています。ボール同士がぶつかって、距離が遠くなったり、近くなったりすることもあります。ボールは、転がしてもいいですし、上からでも下からでも投げていいです。投げる順番は、グループごとに１人１回ずつ交互にやりましょう。

1 練習をする

それでは、ボールを投げる練習をしてみましょう。距離感をつかめましたか？

2 グループで作戦を立ててやってみる

投げる順番や作戦は決まりましたか？

相手のボールをはじけるときは狙っていこうね！

それではやってみましょう。

指示どおりに動けるかな？

49 ヒューマンプログラミング

ねらい プログラマーは正確なプログラムをつくり、ロボットは記憶をたどって、順序よく正確に行動するあそびです。

あそびかた

先生

はじめのことば

ペアで行うあそびです。プログラマーとロボットの２つの役割に分かれます。プログラマーは、ロボットに５つの行動指示書を渡します。ロボットは30秒で記憶し、正確に行動します。プログラマーは、ロボットの行動が合っていたら、「オッケー！」と言い、間違っていたら、「バグ！」と言います。ロボットは、バグが起きたら、最初の行動からやり直します。５つの指示を、時間内にこなせたら、ゲーム終了です。それでは、やってみましょう。

1 数人の子でやってみる

先生がプログラマーをします。
ボランティアの子たちが、ロボットです。
５つの指示はこれです。（黒板に書く）
①体を後向きに
②その場で３歩足踏み
③体を右に90度回転
④体を右に90度回転
⑤右手でピース
30秒で覚えましょう。
それでは、やってみましょう。

2 ペアでやってみる

じゃんけんで役割を決めます。勝ったほうがプログラマーで、負けたほうがロボットです。

じゃあ私の指示は①あくびをする、②右手を上げて、③左手も上げる、④そのまま回る、⑤ジャンプする、だよ！

やってみる！

オッケー！　すごい！　よく覚えられるね！

3 ふりかえりをする

プログラマーとロボット、どちらの役割が難しかったですか？

意外とプログラマーが難しかったです。するのが難しいことを書きすぎて、バグばかりになってしまいました。

子どもが楽しくワクワクするコツ！

- 「～しながら、〇〇する」という同時プログラムを入れると、盛り上がります。(例)「やきそばと言いながら、やきにくと書く」「左腕を後ろ回転で回しながら、右腕を前回転で回すを10回」など

つられずにできるかな？

ねらい **言葉と行動を瞬時に判断する即興性を楽しみます。全員参加しやすいあそびです。**

あそびかた

先生

はじめのことば
あっちむいてほいの後出しバージョンです。「あっちむいて」と言われたら、反対側を向きます。「こっちむいて」と言われたら、同じ方向を向きます。

1 先生 vs 子どもでやってみる

あっちむいてほい！

ほい！（反対側を向く）

こっちむいてほい！

ほい！（同じ方向を向く）

2 ペアでやってみる

じゃんけんで勝った人から先に「あっち（こっち）」側をしましょう。負けた人は、後出しの「ほい！」をしましょう。１分間やったら、役割を交代します。

体育館や校庭でできる！／グループ・ペアになってあそぼう！ 

ルール忘れずできるかな？

51 密なんです

ねらい **頭と体を同時に働かせながらリズムを守っていくあそびです。心も体も頭もほぐすことができます。**

あそびかた

先生

はじめのことば
このあそびは、頭と体を同時に働かせながらリズムを守っていきます。ペアやグループで行います。

1 例を示す

①密です②密です③ソーシャルディスタンス④密です⑤密です⑥ソーシャルディスタンス⑦密です⑧密です⑨もう自粛！①密です…という流れをリレーしていきます。間違った人が負けになります。「密です」のジェスチャーは、（両手を胸の前にギュッと）「ソーシャルディスタンス」は、（両手を広げて距離をとる）「もう自粛！」は、（胸の前で×マーク）リズムは、パンパンと手拍子で２拍とりましょう。

2 やってみる

パンパン（手拍子）

パンパン（手拍子）

パンパン（手拍子）

ペアで逃げよう！

52 友だちの数字を密告せよ！

ねらい 身体接触することなく、ペアで楽しむことができる遊びです。

あそびかた

先生

はじめのことば
数字を背中に貼り、その数字を見られないようにペアで逃げるあそびです。数字を見られて密告されたらアウトになります。

1 やり方を説明する

紙に2桁の数を書き、ペアで周りに見られることなくお互いの背中に貼りましょう。よーい、どん」のスタートで全員がペアで逃げます。ペア同士があまり密にならないよう注意しながら、背中を見られないように工夫をして逃げましょう。手で隠したり、強引に背中を見ようと接触してはいけません。壁に背中をくっつけてはいけません。

誰が何番が書かれているかわかれば、先生に密告しにきてください。密告された子の数が合っていればその子はアウト。もし間違っていれば密告してきた子がアウトになります。

最後の一人まで、もしくは制限時間内で密告されなければ優勝です。では、よーいスタート！

あー！あそこか！

53 学校迷探検

ねらい 学校の意外な場所を発見して楽しむあそびです。

あそびかた

先生

はじめのことば
学校の意外な場所を撮影した写真を見てその場所を当てるあそびです。ペアで思いあたる場所に行き確認してきます。

1 例を示す

ここはどこかわかりますか？（たとえば、図書室の机など）

う～ん、見たことあるような、ないような…。

ですよね。見たことあるような、ないようなところをペアで見つけてきてください。

2 全体で共有する

10分後に教室に戻ってきてください。

（10分後）それでは、見つけてきた場所がどこだったか共有しましょう。ここはどこでしょう？

みんな

図書室の机！

密にならないでできる！

創造力や発想力で楽しむあそび！

言葉をつなげてあそんじゃお！

54 奇想天外！シャッフルリレー作文

ねらい 楽しく文づくりをしながらも文の組み立てを学べます。

あそびかた

はじめのことば

「いつ」「どこで」「だれが」「～する」の４つを組み合わせた奇想天外の文章を楽しむあそびです。それぞれの役割を決めて、紙に書きます。

先生

1 役割を確認して、紙に書く

１列目の人は「いつ」を、２列目の人は「どこで」、３列目の人は「だれが」、４列目の人は「～する」を書きます。 自分の役割はわかりましたか？　１分後に回収します。それでは、紙に書いてください。

2 みんなでやってみる

それでは、順番に発表していきます。
「いつ」「どこで」「だれが」「～する」はみんなが言ってください。

明日

学校で

パンダ

宿題をする

パンダが学校に来るの？

しかも、宿題あるんだ！

２回目やりますね。

３ ふりかえりをする

どの文がおもしろかったですか？

現実的じゃない文が多くておもしろかった。

先生が宇宙にいる文がおもしろかった。

子どもが楽しく ワクワク するコツ！

- 「～する」の前に「理由（～なので）」を入れると、さらに楽しくなります。
- 語彙の範囲を制限してもおもしろいです。たとえば、教科書に載っている言葉など。
- また、「いつ」を過去や未来に限定したり、「だれが」を芸能人に限定したりすると何を書くかが明確になるため、迷わず書き出すことができます。

教室でできる！／みんなであそぼう！ 

なぜ？を話し合おう！

55 なぜなぜディスカッション

ねらい **理由を考えたり、批判をせずに友だちの意見を聞いたりすることに楽しみながら慣れていくことができるあそびです。**

あそびかた

先生

はじめのことば
「なぜ」を考えたり説明したりするのを楽しむあそびです。「あぁ、なるほど！」と思える理由を考えましょう。みんなが意見を言えるように、話す順番も決めます。ただし、５秒以内に必ず意見を返しましょう。まずは、１分間続けられたらクリアです。友だちの考えは、否定せず、「それもあるね！」という声かけや雰囲気を大切にしましょう。

1 数人の子とやってみる

無人島に１つだけ道具を持っていけるとしたら、何？　それは、なぜ？

スマホです。何でも検索できるからです。

たしかに！でも、無人島って、電波届くの？

道具って言っていいのかわからないけど、ドラえもんです。いっぱい道具を持っているからです。

うーん、なんかドラえもんが道具はかわいそうかも。

2 みんなでやってみる

1分間やってみましょう。テーマは､「ごはん派？パン派？」です。

やっぱりごはんでしょ。

えー、パンがいい。ジャムでいろんな味が楽しめるから飽きないよ。

健康的なのはごはんじゃない？

3 ふりかえりをする

やってみて、どうでしたか？楽しかったですか？難しかったですか？

いろいろな「なぜ」が出て楽しかったですが、5秒以内だと考える時間が短くて少し難しかったです。

子どもが楽しくワクワクするコツ！

- 答えのないテーマにすることがポイントです。
- テーマ例）「犬派？猫派？」「田舎派？都会派？」「大人と子どもはどっちが幸せ？」「ドラえもんの道具で1つもらえるなら？」「学校の授業に新しい教科をつくるなら？」「新しい給食のメニューは？」
- 「否定しない」というルールをしっかり守ることで、安心してあそぶことができます。

マイナスをプラスに言い換えよう！

56 言い換えゲーム

ねらい ネガティブな言葉をポジティブに言い換えるあそびを通して、前向きな気持ちを育みます。

あそびかた

先生

はじめのことば
みなさんは、マイナス言葉があふれるクラスとプラス言葉があふれるクラス、どちらがいいですか？　もちろん、プラス言葉ですよね？　マイナス言葉をプラス言葉に言い換えるあそびをしていきましょう。

1 数人の子でやってみる

「うるさい→元気」「優柔不断→慎重」というふうに言い換えます。人が不快になりそうな言葉は控えましょう。マイナス言葉をみんなで協力してプラス言葉にしましょう。マイナス言葉→プラス言葉をリズムよく交互に言っていきます。３秒以内に言えなかったら、「パス」で、次の人へ回しましょう。

パンパン（手拍子）

パンパン（手拍子）

パンパン（手拍子）

2 やってみる

先生がマイナス言葉を言っていきますね。
みんなでプラス言葉に言い換えてください。

3 ふりかえりをする

いっぱいプラス言葉がつくれましたね。使えそうなプラス言葉はありましたか？　どんな場面で使えそうですか？

「難しい」を「いいチャレンジ！」って言われてなるほどって思いました。

「遅い」を「すてきなペース」って言われたのもおもしろかった。

子どもが楽しく ワクワク するコツ！

- マイナス言葉を事前に集めておくと、リズムよくゲームを進められます。
- 出し合った言葉を共有して、マイナス言葉をプラス言葉に変換したものを教室に掲示をしておくと、クラスが温かい雰囲気になります。また、そのプラス言葉を使ってビンゴを行うことができます。プラス言葉をビンゴシートにそれぞれ書いておきます。教師はマイナス言葉を言います。マイナス言葉を変換したプラス言葉がビンゴシートにあれば、チェックすることができます。１列揃えばビンゴになります。

教室でできる！／みんなであそぼう！ 

脳みそフル回転！

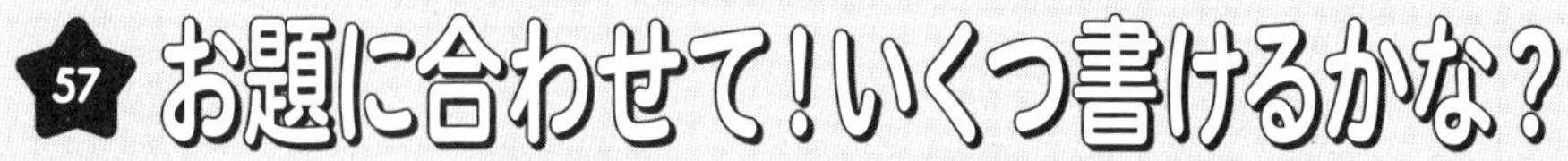

57 お題に合わせて！いくつ書けるかな？

ねらい お題に合った物事をできるだけたくさん書くゲームです。一斉に時間を計りながら取り組むので、集中モードに切り替えられます。

あそびかた

先生

はじめのことば

ノートとえんぴつを用意してください。このゲームは、お題に合わせた言葉がいくつ書けるか試すあそびです。

1 お題を例示して説明する

たとえば先生が「赤いものといえば！」というテーマを出します。赤いものと言われて思いつくものをできるだけたくさんノートに書いてください。赤いものといえば、どんなものがありますか？

りんご！

さくらんぼ！

消防車！

2 制限時間を設けてゲームをスタートする

それでは、ゲームを始めます。お題は「〇〇」で、制限時間は３分です。「あー！もうない！」と思ってからが頑張りどころですよ！　さて、何個書けるでしょうか？　頭の中を、よーく探してみましょう！それでは、スタート！

3 いくつ書けたか確かめる

みなさんは、いくつ書くことができましたか？　数えて確かめてみましょう！

15 個書けたよ！

20 個だよ！

それでは、20 個書けた B くんが、チャンピオンですね！おめでとう！

4 仲間とアイデアを共有する

きっとみんなのノートには、いろいろな言葉が書いてあると思います。みなさんはどんなものが、思いつきましたか？　お互いのノートを見合ってみましょう。「あー、それいいアイデアだね！」と思ったものは、自分のノートにメモしても、自分の学びになりますよ！

D くんのノートにあった言葉、まねしよう！

A さんのノートには、私が「誰も思いつかないだろう」と思っていたことと同じことが書いてあったよ。さすがだなあ！

子どもが楽しくワクワクするコツ！

- ノートに書く字の質にはこだわらず、どれだけ思い出そうとしているか、という子どもの姿を見ながら、先生も一緒にやってみてください！
- オンラインで取り組む場合は、4 の「仲間とアイデアを共有する」の場面で、「一番の大発見をチャットで打ってね！」と言って、チャット機能を活用します。多くの子が発表できて、先生も確実に意見をキャッチできます。

いろとかたちの組み合わせで想像力をふくらませる

58「いろかたち」でアーティスト

ねらい 伝えられた「いろ」と「かたち」から自由に描くことで想像力とあそび心を働かせ、正解を求められない自由な表現に楽しさを感じられます。

あそびかた

先生

はじめのことば
それでは、指定された「いろ」と「かたち」からオリジナルの作品をつくるアーティストになってもらいます。

1 今日のお題を伝える

今日は「青いまる」を必ずどこかにいれた絵を描いてください。テーマを決めてそれぞれ描き、最後に発表しましょう。

2 お手本を見せる

試しにやってみます。先生は「青いまる」の上に緑を重ねて地球を描いてみました。みなさんは「地球」以外のテーマで描いてください。

では描き始めましょう。どのような「青いまる」ができるか楽しみですね。

教室でできる！／みんなであそぼう！ 

おもしろい「なぜ？」を考えよう

59 もしも大喜利

ねらい 「もし～だったら」の「なぜ」を考えることで、自由な発想を生かして楽しむあそびです。

あそびかた

先生

はじめのことば
お題に応じたおもしろい理由を考えるあそびです。習うより慣れよという感じなので、早速試しにやってみましょう！

1 数人の子とやってみる

もし、ドラえもんが縄文時代にいたら、どんな道具を使う？　それは、なぜ？

どこでもドアで現代に帰る。現代のほうがごはんがおいしいから。

タケコプターで狩りに行く。村の英雄になれる！

2 みんなでやってみる

では、みんなでやってみましょう。

みんなで協力して探して、文をつくろう

60 学校から探し出せ！いつどこで誰が何した作文

ねらい 隠された紙をグループで協力して探し出し、１つの文をつくり、楽しむことをねらいとしています。

あそびかた

先生

はじめのことば

今から「いつどこで誰が何をした作文」というあそびをします。学校のいろいろなところに「いつ」「どこで」「誰が」「何をした」の紙を隠しました。時間内に学校中から紙を探し出してきてください。

1 ルールを説明する

紙は「いつ」「どこで」「誰が」「何をした」、それぞれ１枚しか持ってくることはできません。では、今から15分以内に見つけて教室に戻ってきましょう。授業中ですので、声の大きさには気を付けましょう。スタートです。

2 グループごとに発表する

（15 ～ 20 分後）では、みんな戻ってきましたね。見つけた紙をつないで文をつくり、発表しましょう。

昨日、先生が…。２枚しか見つけることができませんでした。

明日、学校でドラえもんがうどんを食べた。

どのような状況なんでしょうね（笑）

みんな

（グループすべてで行う）

3 一番おもしろかった文を発表する

では、先生が一番おもしろかった文を発表します。「10年後、ラーメン屋で先生がカレーを食べた。」です。

子どもが楽しく ワクワク するコツ！

- 子どもたちが事前に「いつ」「どこで」「誰が」「何をした」の紙をつくっておき、子どもたちによって隠しておくと、より盛り上がることでしょう。
- 紙を5枚見つけていなくても、グループごとに発表をさせていきます。未完成の文でも盛り上がります。

目をつぶって描けるかな

61 目隠しおえかき

ねらい 友だちと協力してテーマの絵を描き、楽しむことができるゲームです。

あそびかた

先生

はじめのことば
目をつぶったまま紙に絵を描けるか楽しむあそびです。目隠し側とアドバイス側に分かれて、ペアで協力して作品をつくり上げます。一筆ごとにアドバイスすることができます。制限時間は30秒です。

1 数人の子とやってみる

先生がアドバイス側をします。目隠し側のボランティアを誰かお願いします。テーマは「アンパンマン」です。

（黒板に描く）

もう少し左、いや右！あ、左！

2 ペアでやってみる

勝った人から目隠し側をしましょう。負けた人はアドバイス側です。１つのテーマが終わったら役割を交代しましょう。テーマは「学校」です。

3 ふりかえりをする

目隠し側とアドバイス側をやってみてどうでしたか？

目隠し側は思っていたより難しかったです。あんまりイメージどおりにできませんでした。

アドバイス側が難しかったです。「ちょっと左」って言っても相手のちょっとと自分のちょっとのイメージが違うので、1cmとか誰でも伝わる言葉を使いました。

子どもが楽しくワクワクするコツ！

- ペアやグループ対抗で、一筆交代のリレー形式であそぶこともできます。
- みんな目隠しして同じテーマで描いたものを見せ合うのも楽しいです。
- 目隠しという制限がかかることにより、上手下手関係なくフラットに楽しめます。
- テーマ例）食べ物、動物、人、建物、アニメ、スポーツ、乗り物、イベントなど。

教室でできる！／グループ・ペアになってあそぼう！ 

ひらがなカードでしりとり

ねらい 楽しくあそびながら、発想力を高めたり、語彙を増やしたりできます。

あそびかた

はじめのことば

１枚のカードに１文字書かれたひらがなカードを使ったしりとりあそびです。人数に応じて同じ数だけカードを配り、手札にします。普通のしりとりとは違って、順番はありません。思いついた人が出して、手札が早くなくなった人の勝ちです。最初の文字は、配る前に決めておきます。自分の持っているカードで終わる言葉を言いながら、カードを真ん中に置いていきます。例を示しますね。

1 例を示す

最初のカードは、「あ」です。手札は、「か」「し」「つ」「ね」「も」です。これなら、「あ」いさ「つ」と言いながら、真ん中に「つ」のカードを置きます。次は「つ」なので、「つ」う「か」にします。すると、真ん中のカードは、「か」になります。次は、「か」「じ」。点々がついていても、大丈夫です。こんな感じで、どんどん続けていき、手札がなくなるまでやりましょう。

2 グループ（ペア）でやってみる

最初のカードを決めましょう。そして同じ枚数の手札にしましょう。それでは、スタート！

3 ふりかえりをする

あそんでみて、何か気付いたことはありましたか？

ぼくは、早く出すのは苦手だったけど、Aさんはすごく早かったので、すごいと思いました。

Aさん、何かコツとかあるのかな？

子どもが楽しく ワクワク するコツ！

- 「あ」で始まる言葉などを、事前にいっぱい集めるあそびをやっておくと、スピード感が生まれ、盛り上がります。例）頭文字ことば選手権
- 文字数の制限（2文字禁止など）をつけると、難易度が上がります。
- グループ対抗戦にすると、ちょっとスピードが落ちますが、自分が早く出すだけではなく、友だちを思いやりながら進めるゲームにもなります。

NGワードを言わないように！言わせてみよう！

63 NGワード会話

ねらい 決まった言葉を言ってはいけないゲームです。お互いのNGワードを見ながら楽しく会話をすることができます。

あそびかた

先生

はじめのことば
今から「NGワード会話」というあそびをします。会話中に、決まった言葉を言ってはいけません。できるかな？

1 ゲームの内容を説明する

ここにNGワードが書かれたカードがあります。1人1枚引いておでこに貼り付けるように持ちます。4人グループで会話をするときに、そのNGワードを言ってはいけません。みんなお互いのNGワードを見ることができます。相手にその言葉をうまく言わせるように工夫して会話しましょう。最後まで残っていた人の勝ちです。

2 インタビューとヒントづくりをする

それではやってみましょう。カードを引いて、おでこに当てましょう。

※「りんご」「くやしい」「マジで」「シャーペン」がそれぞれのNGワード

今日って給食何やった？

たしかカレーとみかんやったはず。

好きな果物ってある？

私は、ぶどうが好きだなぁ。

ボクはりんごが好き！

アウトー!!

え!?「りんご」やったんかぁ。やられたわぁ…。

3 ゲームを楽しむコツを考える

どうすれば相手にNGワードを言わせることができそうですか？

ん〜なかなか難しい。

ちょっと近い話題をその前に出したらいいと思う。

そうですね。そこから自然と言わせられるとおもしろいですね。

子どもが楽しくワクワクするコツ！

- 「ほんまに」「ありえへん」など、いろいろな種類の言葉を用意しておくことによって、何を言ってはいけないかがわからなくなります。難易度が上がることでより盛り上がるでしょう。
- 子どもたちとともに作戦を立てておくことで、「NGワードを言わそう」という技術が上がります。会話が心理戦になってより楽しむことができます。

文をつないでつないで

 5文字でリレー

ねらい 頭文字（５文字）から、文を即興で考える楽しいあそびです。

あそびかた

先生

はじめのことば

５人１組で行うあそびです。５人で「あいうえお」や「かきくけこ」などの頭文字を分担します。そこからテーマに応じた文をつなげて、１つの文章をつくっていきます。

1 例を示す

テーマは、「宿題を忘れた理由」です。頭文字は「あいうえお」です。先生が考えたものを発表するので、みんなはパンパンと手拍子をしてくださいね。行きますよ。せーの！

みんな

パンパン（手拍子）

あ→頭では覚えていたんです。

みんな

パンパン（手拍子）

い→１時間前にやったんです。

みんな

パンパン（手拍子）

先生

う→うまくノートには書けていたんですけどね。

パンパン（手拍子）

え→絵日記だけはちゃんとやりました。

パンパン（手拍子）

お→弟に食べられました。

2 数人の子でやってみる

５人出てきてください。○○さんから順番にお願いしますね。テーマは「おやつを食べすぎた理由」、頭文字は「かきくけこ」です。考える時間を 30 秒とります。用意はできましたか？せーの！

3 グループでやってみる

発表順番は決まりましたか？テーマは「朝ねぼうした理由」、頭文字は「たちつてと」です。せーの！

子どもが楽しく ワクワク するコツ！

- テーマ例）先生に怒られた理由、学校に遅刻した理由、歴史上の人物、授業（行事）のふりかえりなど。
- 宿題の日記のネタに困ったときに役立ちます。
- 頭文字をひらがなではなく、四字熟語などに変更すると、レポート、新聞づくりなどの見出しづくりにも使えます。

教室でできる！／グループ・ペアになってあそぼう！ 

決められた答えに合わせてクイズを考えよう！

65 答え決まってるクイズ

ねらい 決まっている「答え」から関連させて文章をつくり出す力がつきます。グループで話し合うことでコミュニケーション力もつきます。

あそびかた

先生

はじめのことば

決められた「答え」になるように、今日はみんなでクイズをつくってもらいます。

1 今日のお題を伝える

それではお題を出します。　答えが「入学式」になるようなクイズを考えてみてください。チームで話し合いましょう。

え～～難しそう。

2 作成のヒントを伝える

入学式といえば何が連想できるかな？

う～ん。お祝い！校長先生の話とか？

間違いやすい答えは何があるかな？

卒業式？

いいね。そこも考えた上で、答えが入学式になるクイズを考えてください。

3 発表する

それではクイズの発表を各チームにしてもらいます。まずＡチームからお願いします！

はい！お祝いの日です。初めての出逢いと、桜の前で記念撮影。何の日でしょうか？

おお～「入学式」のイメージがわきました。いいですね。ではＢチームお願いします！

4 ふりかえりをする

同じ答えでもチームによってさまざまなクイズができましたね。みなさん、素敵でした！　普段の学習でもこんな視点をもって答えに取り組んでみるのもおもしろいですね。

子どもが楽しくワクワクするコツ！

- クイズが上手につくれなくても「おもしろい！」と前向きなフィードバックをすることで言葉あそびが楽しくなるでしょう。
- お題のテーマは「イベント」「季節」「動物」「食べ物」などの中からできるだけ限定的なものにするといいでしょう。

無理難題をのりこえよう

66 ポジティブゲーム

ねらい **ポジティブ理由を考える想像力を高めたり、ポジティブに物事を考えられるようになるあそびです。**

あそびかた

先生

はじめのことば
ポジティブゲームは、無理だなあと思うことでも、ポジティブな理由を言うゲームです。先生からどんなことを言われても、「ポジティブ！～だからできます！」と答えてください。

1 数人の子でやってみる

おなかがすいていません。

ポジティブ！　100周走ってきておなかをへらします。

宿題ができていません。

ポジティブ！　あと300秒あります。

2 先生とみんなでやってみる

指示を出すので、みんなはほかの人とは違う理由を答えてください。リレーするときは、パンパン（手拍子）でつなぎましょう。指示は、「廊下に大きな穴があいて通ることができません。」それでは、スタートです。せーの！

ポジティブ！　空を飛びます！

パンパン（手拍子）

ポジティブ！　大ジャンプをします。

3 グループ（ペア）でやってみる

じゃんけんで勝った人が指示を出す人です。負けた人は、理由をつけて断る側です。指示は、黒板にも貼ってあるので、思いつかない人は使ってもいいですよ。

4 ふりかえりをする

これは、すごいポジティブ！というものはありましたか？

樋口くんのゴミを100個ひろうというのがポジティブでした。

子どもが楽しく ワクワク するコツ！

●指示が少し難しいので、前もって募集しておくといいでしょう。

どんどん単語が増えるよ。どこまで覚えられるかな？!

67 おぼえるリレー

ねらい 子ども同士で１つ、２つとテーマに沿った単語を言い、増やしながら覚えていくゲームです。楽しみながら注意して聞く練習ができます。

あそびかた

先生

はじめのことば
今から「おぼえるリレー」というあそびをします。よーく聞いて、覚えるゲームです。

1 やってみながら説明する

グループになって、順番に１つずつ単語を言っていきます。では試しに、テーマは「野菜」でやってみましょう。Ｂくん、野菜の名前を１つ言ってみてくれる？

にんじん！

次の人は「にんじん・レタス」というようにもう１つ野菜を増やします。次がＣさんだと？

にんじん、レタス、トマト

次がＤくんだと？

にんじん、レタス、トマト……

というように言えなくなったらアウトです。

2 グループをつくり練習する

グループで一度練習してみましょう。テーマはまた「野菜」にします。では、どうぞ。

3 新しいテーマを決めて、グループでやってみる

これでルールは大丈夫ですか？ では、次は「動物」をテーマにしてやってみましょう。さっきの続きの人から始めましょう。では、どうぞ。

4 ふりかえりをする

友だちが何を言うか、よく聞いていましたね。みんながよく聞いてくれていると、言う人もうれしいですよね。素敵な雰囲気でしたよ。

子どもが楽しくワクワクするコツ！

- テーマによって、学習の復習としても活用することができます（都道府県や地名、川の名前等）。
- テーマを子どもから募っても、楽しくあそぶことができます。
- 勝敗はつけず、友だちの言うことに耳を傾けて、グループ全員でゲームが進んでいく楽しさを大切にします。

頭の奥の奥から、言葉を引っ張り出そう！

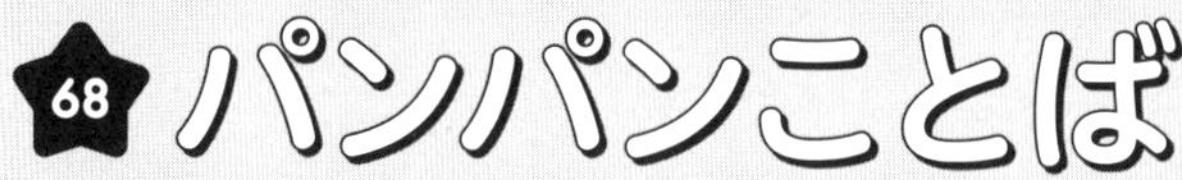

68 パンパンことば

ねらい リズムに合わせてテーマに沿った単語を言っていくゲームです。単語を思い出したり、ハッキリと相手に伝えたりする練習ができます。

あそびかた

先生

はじめのことば
今から「パンパンことば」というあそびをします。パンパンと手を叩きながら、言葉を言っていくゲームです。

1 みんなでやってみる

グループになって、順番に１つずつ単語を言っていきます。では試しに、テーマは「あから始まる言葉」でやってみましょう。Ａさん、Ｂさん、Ｃさん、１つずつ言ってみてくれる？

赤トンボ！

そうしたらグループのみんなで手を叩きます。５回叩きましょう。

みんな

パンパンパンパンパン（手を叩く）

アイス！

みんな

パンパンパンパンパン（手を叩く）

あんこ

こんな具合で進めます。ほかの人が言った言葉は言えません。もし、言葉が出てこなかったら、自分の番で「パス」と言いましょう。グループ全員がパスになったらゲーム終了です。

2 グループをつくり練習する

グループで一度練習してみましょう。テーマはまた「あから始まる言葉」にしましょう。では、どうぞ。

3 新しいテーマを決めて、グループでやってみる

これでルールは大丈夫ですか？　はっきりと相手に伝わる声で言えるといいですね。次は「都道府県」をテーマにしてやってみましょう。さっきの続きの人から始めましょう。では、どうぞ。

4 ふりかえりをする

たくさんの単語を思い出しましたね。また、相手にはっきりと言葉を伝えようとしていました。今度は別のテーマでもやってみましょう。

子どもが楽しくワクワクするコツ！

- 手を叩く回数は、クラスの実態やテーマに合わせて変えられます。グループごとに決めるようにしても、おもしろいです。

マーケティングに挑戦！お客さんの興味を考えよう！

69 興行収入10億円！映画のタイトルは？

ねらい どんな言葉やフレーズで興味を引くのか、みんなで話し合うことでイメージを膨らませることができるゲームです。

あそびかた

先生

はじめのことば

「千と千尋の神隠し」を知っていますか？　歴代の映画の中で一番たくさんの人に見られた映画です。興行収入も１位で300億円です。

映画は10億円を超えると大ヒットと言われています。ストーリーは考えずにたくさんの人が「見たい」と思う映画のタイトルをグループで考えてください。ジャンルは自由です。

1 グループで話し合う

映画の内容はもちろんですが、タイトルで「見たい」と思ってもらうことも大事ですよね。では、グループに分かれて話し合いましょう。時間は○分です。

わかった！

「トトロ２！」はどう？

2 発表する

タイトルは決まりましたか？　それでは発表してください。あとで投票するのでみんなどれがいいか考えて聞きましょう。

友だちにわかりやすく表そう！

70 ジェスチャーしりとり！

ねらい 相手がわかりやすいジェスチャーを考えることで、わかってあげようとする気持ちやわかってもらおうとする姿勢を育てます。

あそびかた

先生

はじめのことば
ジェスチャーを使って、しりとりをします。どんなジェスチャーをしたら友だちがわかってくれるか、考えてみましょう。友だちのジェスチャーをわかってあげる気持ちも大事ですね！

1 ジェスチャーしりとりを始める

それでは、チームに分かれて並びましょう！　先頭の人は、しりとりの最初の言葉を思い浮かべて、ジェスチャーをしてください。答えやヒントになる言葉を言うと、おもしろくなくなってしまうのでやめましょう。それでは、スタートです！

2 ジェスチャーで何について伝えたか、言葉にする

最後まで伝わったチームは、しりとりがうまくつながっているか、言葉にして確かめてみましょう！

わたし、りんご。

ぼく、ゴリラ。

わたし、ラッパー。

ぼく、パーマ。

えー。パーマのジェスチャーわからなかったー。

ちゃんと伝わるかな？

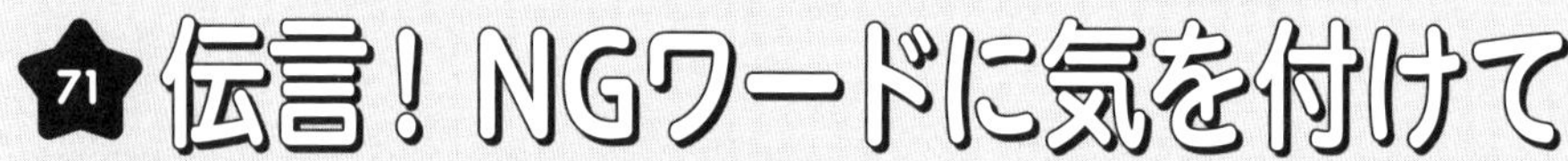

71 伝言！NGワードに気を付けて

ねらい 友だちにどうやったら伝わるかを考えながら、楽しくコミュニケーションがとれるあそびです。

あそびかた

先生

はじめのことば

あるテーマの言葉を伝言していくあそびです。伝言するときに使ってはいけないNGワードがあります。テーマの言葉もNGワードも言ってはいけません。ペアでやりますが、まずは、先生が伝える側で、みんなが答える側になってもらいます。

1 例を示す

（テーマ→「ラーメン」）
（NGワード→「しょうゆ」「みそ」「豚骨」「麺」「屋台」）
それでは、やってみます。あったかい食べ物です。いろんな味があります。鍋ではありません。ギョーザと一緒に注文する人が多いです。わかった人いますか？

ラーメンです。

正解です！　ちなみにNGワードは、「しょうゆ」「みそ」「豚骨」「麺」「屋台」でした。

2 ペアでやってみる

じゃんけんで勝った人から伝える側をしましょう。伝える側の人には、テーマとNGワードを配りますね。制限時間は1分です。成功したペアは、席に着いてください。それでは、スタート！

3 ふりかえりをする

失敗したペアの人、伝言失敗の例を紹介してくれませんか？

テーマが「やき肉」でした。NGワードが「肉」「焼く」だったので難しかったです。

伝言をどのように伝えたかやってもらっていいですか？　伝言を聞きながら、自分だったら、どうやって伝えるか考えてみましょう。

焼くを「ジュウジュウ」と言ったりしました。

子どもが楽しくワクワクするコツ！

- NGワードの数で難易度を調整しましょう。
- テーマとNGワードは、子どもたちから募集したほうがおもしろいです。その際、NGワードと説明せず、「イメージする言葉を書いてください」と伝えましょう。よく使う連想しやすい言葉が使えなくなります。

連想ゲームでNGワード

72 連想ドボンゲーム

ねらい **相手の言葉をよく聞き、記憶しながら想像力をふくらませる楽しいあそびです。**

あそびかた

先生

はじめのことば
連想ゲームをします。与えられたテーマで思いつく言葉を、どんどんみんなでリレーしていきます。ただし、NG ワードを言ったらドボンです。また、詰まったり、同じものを2回言ってしまったりしてもアウトです。NG ワードは、1つだけです。紙に書いて、先生が持っています。それではやってみましょう。

1 数人の子でやってみる

テーマは「お弁当のおかず」です。（NG ワード→卵焼き）せーの！

みんな

パンパン（手拍子）

みんな

パンパン（手拍子）

みんな

パンパン（手拍子）

ドボンです！

2 みんなでやってみる

テーマは「動物」です。（NG ワード→ライオン）せーの！

パンパン（手拍子）

3 グループでやってみる

じゃんけんで勝った人は、ゲームマスターです。テーマと NG ワードを決めてください。それ以外の人は、ドボンしないように連想ゲームをしましょう。1 分以内にドボンしたら、ゲームマスターの勝ちです。ドボンしなかったら、ゲームマスターの負けです。

じゃんけんに勝った！ぼくがゲームマスターだ。テーマはスポーツ。

パンパン（手拍子）

テニス

子どもが楽しく ワクワク するコツ！

- テーマと NG ワード例）・おすし→かっぱまき・運動会→お弁当・学校→宿題・スポーツ→野球・飲み物→コーラ・色→ゴールド・魚→ヒラメ・きへんの漢字→横・学校の先生の名前→○○先生
- ドボンゲームと反対のヒットゲームも楽しいです。NG ワードではなく、OK ワードにしてあそんでみましょう。当てた人が勝ちのゲームです。

カタカナを使わず表現しよう！

73 カタカナ伝わるカナ

ねらい 横文字やカタカナを使わないで伝え合うコミュニケーションあそびです。

あそびかた

先生

はじめのことば
カタカナの言葉をカタカナ禁止で伝え合うあそびです。伝える側と当てる側で協力してコミュニケーションをとり、正解できるようにしましょう。制限時間は１分間にします。正解できたペアは、席に着きます。

1 数人の子とやってみる

先生が当てる側をしますね。テーマをひいてください。

（テーマ→サッカー）

準備できましたか？それでは、スタート！

球をけります。

サッカー！

正解です！

今度は先生が伝える側をしますね。テーマをひきます。（テーマ→アメリカ）１分間、よーいスタート！自由。人がいっぱい。お肉。

食べ放題！

違います！食べません。

食べ物じゃないんですか？

はい。国です。
大統領がいます。

アメリカ！

正解です！

２ ペアでやってみる

じゃんけんで勝った人が伝える側で、負けた人は当てる側です。

じゃあいくよ！　家で見る。四角い。

テレビ！

ああ！　すぐ当たっちゃった！

子どもが楽しくワクワクするコツ！

- 回答回数を制限すると、当てる側が慎重に質問するようになり、質問回数が増え、一方通行ではなく、双方向のコミュニケーションになります。
- あそび終了後には、カタカナ辞典をつくり、語彙を増やしていくこともできます。
- テーマ例）アイスクリーム、クリスマス、グラフ、ボランティア、ライバルなど。

教室でできる！／一番はだれかな？競ってあそぼう！ 

知っている言葉を増やそう！

74 どれだけ早く思いつけるかな!?

ねらい **言葉を思い出すゲームです。テーマと与えられた文字をかけ合わせた単語を連想するため、語彙を増やすことができます。**

あそびかた

先生

はじめのことば

今から先生が、テーマとある文字を出します。両方に当てはまる言葉を思いついた人は、すぐに教えてください。１つのお題につき、制限時間は10秒で、発表できた人にはポイントをあげます！何ポイントゲットできるかな？

1 テーマと文字を提示する

それでは、最初のテーマは「野菜」で、文字は「と」です！

2 発表した子どもにポイントをあげる

Aさんと B くんに、１ポイントずつあげます！さて、何ポイントまでいけるかな？

3 テーマと文字を変える

次のテーマは､｢先生の好きなもの｣で､文字は｢き｣です！

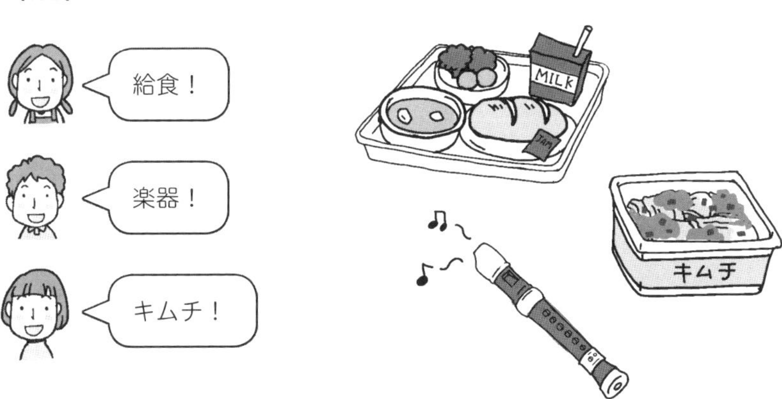

4 繰り返しあそんで、合計ポイントを確かめる

さて、ここで今日のゲームは終了です！　みんなは何ポイントゲットできたかな？

子どもが楽しく ワクワク するコツ！

- 「言葉のどこかに指定された文字が入っていればいい」ことにしますが、「『と』から始まる野菜」とか「『と』で終わる野菜 」というように、文字が入る場所を指定すると、難易度が上がって楽しくなります。
- 難易度を上げたときは、制限時間をなくして、最初に言った人にポイントをあげるようにすると盛り上がります。

写真であそんじゃお

75 写真で一言

ねらい 自由な発想でセリフを考えたり、感想を伝え合ったりできる楽しいあそびです。

あそびかた

先生

はじめのことば
写真を見て、セリフを考えるあそびです。
まずは、例を見てみましょう。

1 例を示す

イメージできましたか？　次は写真の紹介をしますね。ネコが自分で袋をかぶってしまった右の写真だったら、なんと言いますか？　先生だったら、「世界が見えニャイ！」ですかね。みんなは、どんなセリフが思いつきましたか？

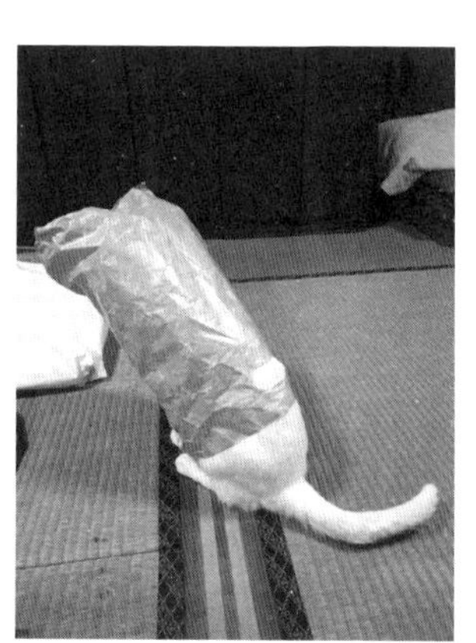

入ってみたら暗かった！

「君もやってみニャイ？」とか！

2 写真の紹介をする

それでは、2枚の写真を紹介します。
考える時間を1分とります。

3 みんなでやってみる

思いついた人から、起立してください。順番に発表してもらいます。はい！　では先に立った人から。

はい！　Aは「地上に出てびっくり！」。Bは「おまえにびっくり」です！

4 ふりかえりをする

誰の一言がおもしろかったですか？　ほかにも思いついたセリフはありましたか？

A

B

子どもが楽しく ワクワク するコツ！

- おもしろい写真を子どもたちから募集し、データ保存しておきましょう（「バーチャル背景あそび」にも使えます）。
- 写真に対するセリフではなく、「？（はてな）」にすると、「問いづくり」のきっかけにもなります。（参考：樋口万太郎『子どもの問いから始まる授業！　6つのステップですぐ取り組める！』）

答えるのは1文字だけ！

76 1文字アンサー

ねらい 答えるのは1文字だけなので、わからない問題でも参加しやすいです。間違っても楽しい雰囲気になります。

あそびかた

先生

はじめのことば
正解が5文字(グループ人数)になる問題を出します。答えられるのは、1文字だけです。何文字目を答えるか役割分担を決めて解答します。答えは、ひらがな、カタカナ、漢字、漢字かな混じり、アルファベットで解答します。解答後、全員の解答をオープンし、答えを確かめます。

1 数人の子で試しにやってみる

5人でやってみましょう。それでは問題です。
バレーボールをひらがなで言い換えると？

おしい！「ていきゅう」はテニスです。正解は、「はいきゅう」です。

みんなでやってみる

次の５人お願いします。それでは、問題です。正式名称は、国民健康体操。一般的には、何と言われるでしょうか？

正解です！

子どもが楽しくワクワクするコツ！

- ５文字以外でもできます。人数によって使い分けましょう。
- 事前に○文字の答えの問題を募集しておくといいでしょう。
- 日常の雑学から各教科の復習クイズまで幅広く使えます。

教室・オンラインでできる！／みんなであそぼう！ 

NGワードを想像しよう

77 NGビンゴ

ねらい あるテーマからイメージを広げて、キーワードを想像します。そのキーワードを当てられないようにする想像力と創造力が求められます。

あそびかた

先生

はじめのことば
ビンゴになったら負けの「NG ビンゴ」をします。ビンゴシートを配ります。あそび方は、例を示しながら説明していきますね。

1 例を示す

テーマは「学校」です。次に、テーマに合うキーワードを９つ考えます。９つ思いつかない人は、同じ言葉を繰り返し書いても大丈夫です。

それでは、キーワードを発表します。①先生②子ども③勉強④給食⑤掃除⑥遠足⑦運動会⑧宿題⑨プリントです。みんなは、どんなキーワードを想像しましたか？

先生が出したキーワードと同じで、ビンゴになった人が負けです。

先生のキーワード

先生	子ども	勉強
給食	掃除	遠足
運動会	宿題	プリント

セーフの子
（ビンゴになってない）

クラス	委員	校庭
PTA	学年	夏休み
てつぼう	~~給食~~	~~先生~~

負けの子
（ビンゴになった）

校舎	プール	~~勉強~~
冬休み	~~宿題~~	春休み
~~先生~~	夏休み	クラス

2 やってみる

テーマは、「運動会」です。ビンゴシートにキーワードを書きましょう。時間は3分です。それでは、スタートです。

先生のキーワード

玉入れ	秋	50m走
応えん団	大玉送り	白
ハードル走	リレー	赤

（自分のシートにキーワードを書く）

（子どもの作業が終わったら）はい、では先生のキーワードを発表します。①玉入れ②秋③50m走④応えん団⑤大玉送り⑥白⑦ハードル走⑧リレー⑨赤、でした。みんなどうだったかな？

あー！　50m走とリレーと赤がビンゴだ～！

ボクは先生のキーワード2つあったけどセーフだった！

子どもが楽しくワクワクするコツ！

- 「漢字一文字だけで表す」などの制限を加えると、難易度の調整もできます。
- 慣れてきたら、先生がテーマを決めるのではなく、子どもからテーマを募集するといいでしょう。

教室・オンラインでできる！／みんなであそぼう！ 

○年○組のファッションリーダーは誰だ!?

78 新聞紙deファッションショー！

ねらい 新聞紙で服を作って、みんなで見せ合いっこをします。ファッションショーを通してお互いの存在や作品を認め合うことができます。

あそびかた

先生

はじめのことば
これから、新聞紙を使ってシャツをつくります。つくれたら、飾り付けをして、自分だけのＴシャツをつくりましょう！

1 新聞紙シャツをつくる

まず新聞紙を半分に折ります。その後、半分に折った部分に首を通すために、首の大きさくらいにハサミでくりぬきます。できたら、頭の上からかぶってください。ほら、シャツになったでしょ。

2 新聞紙シャツに飾り付けをする

次は自分の着たいシャツになるように、飾り付けをします。どんな言葉や絵を描きたいかな？

自分の名前を描きたいです！

星やハートをいっぱい描きたいな。

宇宙や恐竜をいっぱい描くよ！

3 ファッションショーについて示す

みなさんは、ファッションショーを見たことがありますか？　舞台の上を歩いて、最後にポーズをします！やりたい子は、やってみるのも、盛り上がりますね！

4 ファッションショーを始める

それでは、これよりファッションショーを始めます。エントリー番号○番、○○さんの登場です！

子どもが楽しく ワクワク するコツ！

- ファッションショーでは、先生がＤＪ風に盛り上げてください！
- 音楽をかけながらファッションショーをすると、一層雰囲気が出ます！
- 流す音楽を子どもから募集するのも、楽しいですね。
- 恥ずかしがりやな子は、見て参加するのもオッケーにすることで、みんなが楽しめます。

ビンゴで頭脳戦!?

79 ○×ビンゴ

ねらい 予想することや筋道立てて考えることを楽しむあそびです。

あそびかた

先生

はじめのことば
○と×側に分かれて、先にビンゴをつくったほうが勝ちのあそびです。じゃんけんで先攻後攻を決めて、交互に○と×を書いていきます。9マスでやってみます。5秒以内で○×を書きましょう。

1 ボランティアの子とやってみる

(1) 先生と子どもで黒板（ホワイトボード）に書いてやってみる。

(2) 引き分けがあることも確認する。

2 ペアでやってみる

それでは、じゃんけんで先攻後攻を決めてやってみましょう。

3 ふりかえりをする

このゲーム勝ちやすい方法があるのに気付きましたか？

気付きました！

真ん中を先に取ると勝ちやすいね！

え〜そうなの!?

〈3 × 3 バージョン〉

×	●	×
●	●	×
	×	●

引き分け

〈4 × 4 バージョン〉　3 つそろったら勝ち

×		●	×
●	●	●	
×	×	●	
●		×	●

●の勝ち

子どもが楽しくワクワクするコツ！

●4 × 4、5 × 5 と数を増やしていくこともできます。6 × 6 バージョンにして、3 人 (●、▲、×) ですると、より盛り上がります。

第5章

密にならないでできる！

教科の学びを楽しむあそび！

教室でできる！／みんなであそぼう！ 

はやく音読できるかな？

80 音読リレータイムアタック

ねらい 音読をはやく正確にできるように、友だちと協力するあそびです。

あそびかた

先生

はじめのことば

グループで音読の速さをリレー形式で競うあそびです。全員立ってからスタートして、自分の範囲を読み終えた人から座っていきます。全員が座ったら、ゴールです。読む範囲は人それぞれにします。

ただし、最低、１人１文は読んでください。なので、得意な人は多く読んでもいいし、苦手な人は少なくてもいいです。はやく読み終わるにはどうすればいいのか考えて、グループで作戦を立ててみましょう。音読の範囲は、〇ページの〇行目から〇ページの〇行目です。それでは、グループで作戦を立ててみましょう。

1 作戦を立てる

誰がどこを読むか決めましょう。

私は、〇ページの〇行目までね。

ぼく、音読苦手だから、少なくしてもらっていい？

わたし、得意だからいっぱい読むよ。

2 練習する

自分が読む場所を練習しましょう。
わからない読み方は、調べたり、
友だちに確認したりしてください。

3 やってみる

全員、立ちましょう。
よーいスタート！

○グループ、○分○秒！

子どもが楽しく ワクワク するコツ！

- 形骸化しがちな音読の宿題を少しでも楽しくするために、同じ範囲を読むときは、時間を計って記録してみましょう。成長がわかって、グループでの協力の大切さや音読の楽しさを感じることができます。
- 正確さも大切なので、先生が範読し、子どもにルールの基準（声の大きさ、速さ、読む姿勢など）を示しましょう。

教室でできる！／みんなであそぼう！ 

辞書を使ってわからない言葉を楽しく調べよう!!

81 辞書引きゲーム

ねらい 出された言葉の意味を辞書で調べるゲームです。辞書を引く力が育つとともに、ゲームを重ねるにつれてどんどん語彙が豊かになっていきます。

あそびかた

先生

はじめのことば
今日は辞書引きゲームをします。先生が言った言葉の意味を辞書で一番早く調べられた人の勝ちです。さぁ、だれが早く意味を見つけられるかな？

1 辞書の引き方を確認する

辞書の引き方を覚えていますか？　たとえば、「りんご」だったらまずどうやって探す？

「り」のページに行ってから、あいうえお順に「ん」「ご」と見つけていきます。

そうだね。あいうえお順を意識していきたいね。

2 先生が中心となってゲームをする

それでは始めます。「つぐない」の意味を調べましょう。よーいドン！

「つ」から探して…。

3 先生とともにふりかえりをする

早く辞書を引くコツが見つかりましたか？

まず大体で開くことが大事だと思います。

どういうこと？

「り」だったら「あかさたなはまやらわ」で最後のほうだから、大体最後のほうを開いて、そこから見つけていくといい。

そうだね。ほかにも辞書引きゲームをしてみて学んだことはありますか？

意味を知っていると思ったものでも、意外と知らないものが多かった。

子どもが楽しく ワクワク するコツ！

- 先生だけが言葉を言うのではなく、子どもたちが普段日常でよくわからない言葉を言って調べられるようにするといいでしょう。
- まず意味を予想してから調べられるようにするといいでしょう。「調べて終わり」ではなく、自分の予想との違いが明らかになると「えぇ、こんな意味だったのか」「やった、何となく意味は近かった」と盛り上がります。

教室でできる！／みんなであそぼう！ 

体を使って英語であそぼ

ねらい リズムにのって、楽しいゲームをしながら、英語に慣れ親しみます。

あそびかた

先生

はじめのことば
ゲームマスターの命令どおりに動くゲームです。ただし、２回命令されたときだけ命令に従います。たとえば、「頭を触りましょう」だったら、「touch your head」ではなく、「touch, touch your head」と「touch」が２回言われたときだけ従います。それでは早速試しにやってみましょう。

1 試しにやってみる

Let's start " ダブルコマンドゲーム ".
Are you ready?

Yes. Let's start "ダブルコマンドゲーム".

Everybody, stand up!

みんな

（立つ子と立たない子がいる）

あー！「stand」２回言ってないのに！

そうですね。もう一回最初から。

Let's start " ダブルコマンドゲーム ". Are you ready?

Yes. Let's start " ダブルコマンドゲーム ".

Everybody, stand, stand up ！

（命令どおり立つ）

Touch, touch your ears.

（命令どおり耳を触る）

OK. Sit, sit down.　Do you understand this rule?

② みんなでやってみる

Next is not a rehearsal, a real game.
Let's start " ダブルコマンドゲーム ".
Are you ready?

子どもが楽しく ワクワク するコツ！

- 茶番ですが、終わりのときも、「Sit, sit down.」ではなく、「sit down.」だけ言ってみると、引っかかる子がいます。
- 選手権スタイルで間違ったら席に着き、最後まで誰が残るかやってみるのもいいでしょう。
- 慣れてきたら、子どもたちがゲームマスターになってもおもしろいです。

教室でできる！／みんなであそぼう！ 

ドキドキ！座れるかな？

83 ラインゲーム

ねらい 英語の質問を聞き取ったり答えたりするあそびです。

あそびかた

先生

はじめのことば

先生の英語の質問に英語で答えます。答えられる人は、手を挙げて答えましょう。答えが合っていたら、席に着くことができます。答えが合っていたら、先生が「前？後ろ？右？左？」と聞きますので、どれか答えてください。もし、「右」と言ったら、答えた人の右側の人は、問題に答えなくても座ることができます。全員座ることができるまでやってみましょう。問題に答えずに座れた子はラッキー！と油断せず、自分だったら、どう答えるかな？と考えながら聞いていてくださいね。それではやってみましょう。

1 試しにやってみる

Let's play "Line Game"!!
Are you ready?

Yes!! Let's play "Line Game"!!

What sports do you like?

Yes!

No. Please answer. Ms. ○○ .

I like baseball.

OK. You like baseball.

Front or Back, Right or Left?

Back. OK. “Back people”, sit down please.
Do you understand this game?

2 みんなでやってみる

Everyone stand up, please.

Let’s play “Line Game”!!
Are you ready?

みんな

Yes!! Let’s play “Line Game”!!

What time did you get this morning?

子どもが楽しくワクワクするコツ！

- 最後の１人に残ってしまったら、「英語で自己紹介」「モデルスキットを先生と」「今日の英語の歌決定権」など、ちょっとした罰ゲームを用意しておくとドキドキ感が出ます。
- 質問内容を変えることで、さまざまな教科の学習で応用できます。

教室でできる！／みんなであそぼう！ 

まちがい見つけられるかな？

 クイズ！まちがいさがし

ねらい 「間違いは直したくなる」習性を利用し、間違いやすい学習を復習します。

あそびかた

先生

はじめのことば
今から間違っている漢字や計算をします。どこが間違っているか見つけて、正しい答えをみんなで考えましょう。

1 みんなでやってみる

まずは、漢字からやってみます。（黒板に間違っている漢字を書く）どこが間違っていますか？正しい字が書けますか？

みんな

（ノートに書く）

隣の友だちはどうですか？

できています！

次は計算をしますね。（黒板に間違っている計算を書く）

$$\begin{array}{r} 25 \\ +\ 56 \\ \hline 71 \end{array}$$

この間違いをする人の気持ちわかりますか？　友だちと相談してください。

繰り上がり忘れちゃうよね～。

次は、表とグラフです。対応していないところを見つけましょう。

みかんの数とグラフが一致していません！

よく気付きましたね。

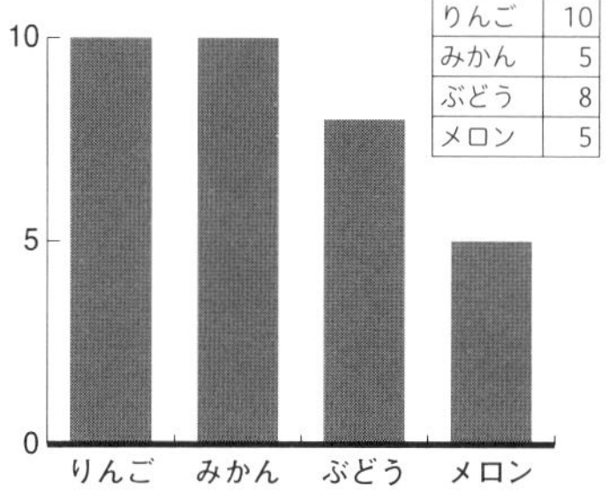

りんご	10
みかん	5
ぶどう	8
メロン	5

2 ふりかえりをする

人のまちがい探しはイヤだけど、テストや見直しをするときには、役立つかもしれないですね。

子どもが楽しく ワクワク するコツ！

- 漢字や計算では、途中で間違っていない問題（正解）も出すと、盛り上がります。注意力や批判的に見る力も高まります。
- 授業の課題で間違いを提示すると、課題が焦点化しやすくなります。どうして間違っているのか、説明し合うなども取り入れるといいでしょう。

教室でできる！／みんなであそぼう！ 

ビンゴで復習

 ビンゴでテスト

ねらい 単元のまとめや小テストを楽しく行います。

あそびかた

はじめのことば

今まで習ってきた大切な言葉を復習します。範囲は○○～○○ページです。大事な言葉をビンゴシートに書きましょう。時間は５分です。

1 ビンゴシートに書く

言葉の意味も確認しながら、書き入れましょう。

2 算数ビンゴをする

２つの直線が交わってできる角が直角のとき、この２つの直線は○○である。

じゃなくて？

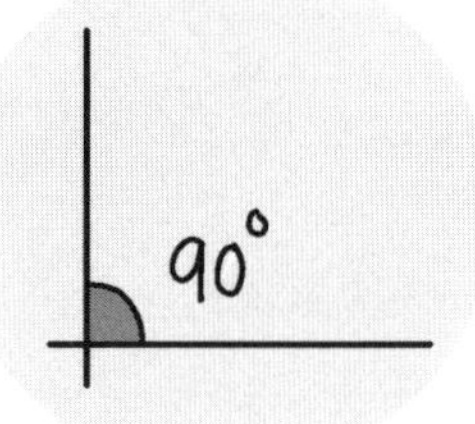

垂直を書いた人は、シートに印をつけましょう。

3 社会ビンゴをする

季節によって風向きを変え、夏は海から陸へ、冬は陸から海へ向かって吹く風は？

偏西風！

じゃなくて？

季節風！

季節風と書いた人は、シートに印をつけましょう。

4 漢字ビンゴをする

○○～○○ページの漢字を黒板に書いていきますね。

（丸つけをしていく）

子どもが楽しくワクワクするコツ！

- 授業の冒頭５分に取り入れると子どもたちは楽しくなります。
- 範囲は○○～○○ページと事前に予告しておきます。
- 丸つけは、ペアで交代してもよいでしょう。
- 都道府県や人物でも応用できます。

4択クイズであそんじゃお

86 クイズファイナルアンサー⁉

ねらい みんなが正解できる楽しいあそびに取り組むことで、みんなを笑顔にするというねらいがあります。

あそびかた

先生

はじめのことば
４択クイズで絶対間違っているものを当てるあそびです。早速やってみましょう。

1 試しにやってみる

「源氏物語の作者は誰でしょう？」①紫式部②空海③清少納言④校長先生、ファイナルアンサー？せーの！

校長先生

正解です！ちなみに、本当の正解は？せーの！

紫式部

①～③の共通点はわかりますか？

校長先生以外、平安時代の人物です。

2 クイズをつくる

みんなでクイズをつくりましょう。絶対これはまちがい！というものと残り３つは、何か共通点があるようにしてくださいね。そして、ちゃんと本当の正解も入れてください。それでは、３分間でやってみましょう。

3 みんなでやってみる

それでは、みんながつくったファイナルアンサークイズをやってみましょう。

4 ふりかえりをする

どのファイナルアンサークイズが心に残っていますか？

子どもが楽しく ワクワク するコツ！

- 誤答をつくるときは、全員が正解できる大胆なものがいいです。慣れてきたら、ペアやグループで行うこともできます。
- ２回目以降は、家庭学習で事前に考えてきてもらうと、スムーズにあそびに入れます。
- 単元テストの前にみんながつくった問題をプリントにまとめて解くのも楽しいです。

教室でできる！／みんなであそぼう！ 

都道府県クイズ

 ここはどーこだ

ねらい 都道府県の特徴を楽しく知ることができるあそびです。

あそびかた

先生

はじめのことば
都道府県を当てるクイズをします。３つの特徴を聞いて、どこの都道府県か当てましょう。それでは、早速やってみましょう。

1 みんなでやってみる

①温泉②黒③桜島。どーこだ？

鹿児島県です！

正解です。ちなみに、「黒」の意味はわかりますか？

黒豚、黒牛です。

2 数人の子でやってみる

それでは、今度はみんながクイズをつくってみましょう。ボランティアでやってくれる人いませんか？

はい、やってみます！①牛②広い③寒い。
ここはどーこだ？

北海道！

正解です。

3 ペアやグループでやってみる

じゃんけんで勝った人から問題を出す側をしましょう。終わったら役割を交代しましょう。

4 ふりかえりをする

問題が出しづらい都道府県はありませんでしたか？　次は、調べてから問題を出せるといいですね。

宿題で調べてきてもいいですか？

いいですね！

子どもが楽しく ワクワク するコツ！

- 事前に役割分担を決め、調べ学習の時間を入れておくと、子どもたちだけでもあそぶことができるようになります。
- ペアやグループで分担して、都道府県新聞をつくるのもおもしろいです。
- 国や地名にも応用可能です。

教室でできる！／みんなであそぼう！ 

ストップウォッチで計算あそび

88 たし算タイムアタック

ねらい 小数の計算を楽しく練習できます。慣れてきたら、ひき算やかけ算でも行い、あそびで計算力を高めます。

あそびかた

先生

はじめのことば
ストップウォッチで計算ゲームをします。１人ずつ順番にストップと言ってもらいます。ストップした時間を計算していくあそびです。たし算でやってみましょう。

1 やってみる

最初は先生がストップします。最初は、1.12 です。それでは、A さん、スタートするので、ストップと言ってくださいね。スタート！

ストップ！

3.15 です。なので、1.12+3.15 を計算します。4.27 ですね。次は B くんがストップと言ってください。スタート！

ストップ

8.19 です。なので、4.27+8.19 を計算します。果たして答えは合うでしょうか？　答えは 12.48 です。

2 答え合わせをする

教室でできる！／みんなであそぼう！ 

アルファベットで楽しもう

ねらい ゲーム感覚で、音声に慣れ親しみながらアルファベットを身に付けます。

あそびかた

先生

はじめのことば

ビンゴシートにアルファベットを９つ書きましょう。先生が言った単語の中にそのアルファベットが入っていたら、ビンゴシートに印をつけましょう。

1 ビンゴシートにアルファベットを書く

「bus」なら、どんなアルファベットに印をつければいいですか？

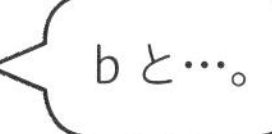

「bus」は、「b」「u」「s」ですね。（黒板に書く）それでは、ビンゴシートにアルファベットを書きましょう。

2 みんなでやってみる

Let’s play alphabet bingo game! No.1 “Apple”.Repeat after me. Apple

Apple is a, p, p, l, e

Apple is a, p, p, l, e

出てきたアルファベットに印をつけましょう。

教室でできる！／みんなであそぼう！ 

英語で算数じゃんけん

ねらい 算数の計算をしながら、英語の数に慣れ親しみます。ひき算やかけ算、わり算にも応用できます。

あそびかた

はじめのことば

英語でたし算後出しじゃんけんをします。ゲームマスターは、最初に数（Hit Number）を言います。グーチョキパーだけではなく、片手で表せる１～５の数を使って、じゃんけんをします。ゲームマスターが、「Are you ready go」で数を出します。そのあとの「go」で、数が合うように、後出しをします。それでは、やってみましょう。

1 みんなでやってみる

Let’s play Are you ready go go game!

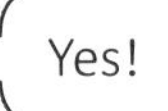

Hit Number is“5(five)”OK?

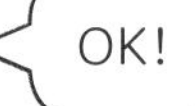

Are you ready go“3(three)”?

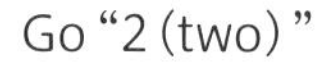

Good!!Next, hit Number is“6(six)”OK?

Are you ready go“3(three)”?

Go“3(three)”

教室でできる！／みんなであそぼう！ 

それっぽければOK！

91 英語っぽく言ってみよう！

ねらい 身近にあるものを英語で言ってみたり、英語っぽく言ってみたりすることで、言葉あそびを楽しみます。

あそびかた

先生

はじめのことば
これから、「英語っぽく言ってみよう！」ゲームを始めます。

1 ルールを説明する

ルールは、身の回りの物事について、「英語」で言えたら１ポイント、「英語っぽく」言えたら２ポイントとします。

2 ゲームをスタートする

それでは、身の回りの物事を「英語」や「英語っぽく」言ってみましょう！

おぅはぁしぃ

3 点数を合計する

みなさんは何点ゲットできましたか？

熟語をいっぱい集めよう

ねらい 漢字を使って楽しく学ぶことができます。

あそびかた

先生

はじめのことば
お題に沿って、熟語をどんどん書いていくゲームです。思いつくだけどんどん書いてみましょう。制限時間は2分にします。

1 例を示す

「心」がつく漢字がテーマだとすると、どんな熟語が思いつきますか？　漢字のどこかに「心」が入っていれば、オッケーです。

2 みんなでやってみる

テーマは、「木」です。よーい、スタート！

子どもが楽しくワクワクするコツ！

- 事前にテーマを発表しておくと、家で調べてきたり、練習できたりするので、書けない子が減ったり、ハイレベルになったりします。

教室でできる！／グループ・ペアになってあそぼう！ 

みんなで完成させよう

93 一筆リレー

ねらい 誰でも簡単に楽しめる全員参加型のあそびで、発想力が高まります。

あそびかた

先生

はじめのことば
1人1画ずつ書いて、リレーしていきます。今回は漢字でリレーをしましょう。

1 数人の子でやってみる

それでは、2組のグループでやってみます。まず、書く順番を、それぞれ決めてください。どちらのグループが早く書き終わるでしょうか？　漢字は、「りかしつ（理科室）」です。それでは、やってみましょう。よーい、スタート！

2 列対抗でやってみる

それでは、列対抗でやってみましょう。どの列が早いでしょうか？
よーいスタート！

子どもが楽しく ワクワク するコツ！

- 絵や計算の途中式、英単語など、さまざまなテーマであそぶことができます。
- 黒板でやると、ほかのチームと競争しているのがわかりやすいです。
- どうしても書けないときは、パスもありというルールを付け加えておくと、全員が安心して参加できます。

日本語禁止で伝えよう

94 日本語ダメよ

ねらい **英語の言葉を、日本語を使わずにジェスチャーや単語を使って楽しく伝え合います。**

あそびかた

先生

はじめのことば
ある英語の単語を、日本語を使わずに英語やジェスチャーで表現するあそびです。伝える側と答える側に分かれて行います。両方とも英語とジェスチャーしか使ってはいけません。それでは、やってみましょう。

1 例を示す

これは何でしょう？
fruits, red, tree, honey, curry

Apple!

正解です。

2 数人の子でやってみる

ボランティアの子、前へ出てきてください。じゃんけんで勝った人が問題を出す側で、負けた人が答える側です。

3 ペアやグループでやってみる

それではやってみましょう。制限時間は１ゲーム１分です。終わったら役割を交代しましょう。

bat, ball, gloves

Baseball

正解です。

4 ふりかえりをする

問題を出すのが難しかったり、答えるのが難しかったりしたテーマはありましたか？

スポーツは、ジェスチャーがあると簡単だったけど、国名がテーマのときはジェスチャーで思いつかなくて難しかったです。日本語でもなかなか思いつきませんでした。

子どもが楽しくワクワクするコツ！

- 例を示すときには、単語だけではなく、ジェスチャーを示しておくと、英語が苦手な子でも、安心感をもって、楽しく英語に慣れ親しむことができます。

教室でできる！／グループ・ペアになってあそぼう！ 

みんなでつなげて楽しもう！

95 ボディパーカッションづくり

ねらい 音楽は歌や楽器だけじゃない！自分の体で音楽をつくって、友だちと合わせる楽しさを味わいます。

あそびかた

先生

はじめのことば
みなさんは「ボディパーカッション」を知っていますか？　体を使って、音をならす音あそびです。これは、自分たちで簡単につくれるんですよ！

1 ボディパーカッションのリズムをつくる

ボディパーカッションをつくるためには、リズムをつくることと、音を出す体の場所を決めることが必要です。まずはリズムをつくってみましょう。

2 体のどこで音を出すか決める

次は、音を出す体の場所を決めます！
どんなふうに音が出せるかな？

足踏みをすると音が出るね！

手を叩くと音が出るよ。

太ももを叩いても音が出せるよ。

3 練習をする

では、先生が、「1、2、3、4」と言うので、音を出してみてください。いきますよ、1、2、3、4！

4 グループで合わせる

いよいよグループで合わせてみましょう。みんなで「1、2、3、4」と言いながら合わせると、楽しく合わせられますよ！

拍	1	2	3	4
音を出す場所	手拍子	手拍子	足踏み	休み
出す音の長さ	♩	♩	♩	𝄽

拍	1	2	3	4
音を出す場所	足踏み	休み	両手で太もも	休み
出す音の長さ	♩	𝄽	♩	𝄽

子どもが楽しくワクワクするコツ！

- 資料として、例に示したような図があると、どこに音（四分音符）を入れて、どこで休み（四分休符）をとるのかがわかりやすくなります。
- 最初の合図の「1、2、3、4」のスピードを上げると、全体のテンポも上がります。スピードを上げると盛り上がりますね。
- みんながつくったリズムや、叩く場所が違うため、グループのメンバーを変えるだけで曲が変わります！

暗算はやくできるかな？

96 サイコロドン

ねらい きまりを見つける楽しさを味わえるあそびです。

あそびかた

先生

はじめのことば
２つのサイコロを１つずつお互いにふり、出た目をたし算して、早く答えるあそびです。早く答えられたほうに、答えの数だけポイントが入ります。時間は３分間です。ゲーム終了後にポイントが多かった人の勝ちです。それでは、やってみましょう。

1 ペアでやってみる

それでは、試しにやってみましょう。３回やりますね。Ａさん、ボランティアお願いします。それでは１回目、よーいドン！

３！（１と２）

Ａさんが早かったので３ポイントです。２回目。

10！（６と４）

先生が早かったので、10ポイントです。それでは、３回目。

６！（３と３）

Ａさん、６ポイントです。さて、どちらの勝ちでしょうか？

わたしは、９ポイントで、先生が10ポイントなので、先生の勝ちです。

ルールはわかりましたか？

体内時計はバッチリ？

目指せ瞑想王

ねらい 学習の切り替えや心を落ち着かせたいときに行うあそびです。

あそびかた

先生

はじめのことば

目を閉じて、時間を当てるあそびです。時間ぴったりの人が瞑想王です。時間は２分間。２分たったと思ったら、静かに手を挙げて、目を 開けましょう。

1 みんなでやってみる

それでは目を閉じて。よーい、スタート！

みんな

（目を閉じて静かにする）

全員、目を開けましたね。それでは、瞑想王の発表です。瞑想王は、１分 59 秒で、〇〇さんです。

2 ふりかえりをする

どんなことが頭に浮かんできましたか？　それでは、切り替えて次の学習に移りましょう。

教室･オンラインでできる！／一番はだれかな？競ってあそぼう！

地図帳をじっくり見て、目的地を探し出そう！

ねらい 地図帳から、言われた地名を探し出すあそびです。索引から地名を調べ、地図上の場所を探す過程で、地図の見方に慣れることができます。

あそびかた

先生

はじめのことば
今から「地図帳の旅」をします。先生が言う地名を、地図帳から探しましょう。

1 みんなでやってみる

今から地名を黒板に書きます。この場所を地図帳から探しましょう。見つけたら、「はい！」と手を挙げましょう。ではみなさん、準備できましたか？　三鷹市（黒板に漢字と読み仮名を書く）

はい！

Aさん。（手を挙げた子どもの名前を呼ぶ）

はい！

Bくん。

（ある程度時間がたったら）まだ探している人に、
近くの人は教えてあげましょう。

2 制限時間を設け、もう一度やってみる

次は、3分間で見つけることを目指してやってみましょう。いきますよ？　魚津市（黒板に漢字と読み仮名を書く）

はい！

Bくん。（手を挙げた子どもの名前を呼ぶ）

はい！

Cさん。

（3分たったら）はい、そこまで！　まだ探している人に、近くの人は教えてあげましょう。

3 ふりかえりをする

今日探したところに、インターネットを使って行ってみましょう。三鷹市はどこの都道府県だったかな？

東京都！

（その場所の写真をスクリーンに映す）東京都三鷹市はこんなところなんだね。こうやって、いろいろな場所を知っていくと、日本中にくわしくなれますね。

子どもが楽しくワクワクするコツ！

- 探す地名は日直などを指名して子どもが決めるようにしても、盛り上がります。
- 日本だけでなく、世界の地名でもあそぶことができます。

教科書の中の言葉から見つけ出そう！

99 教科書しりとり

ねらい 教科書の中の言葉を使うしりとりです。語彙力や記憶力によらないので、安心して参加でき、子ども同士の関わりを生むことができます。

あそびかた

先生

はじめのことば
いまから「教科書しりとり」をします。教科書の中の言葉を使ってするしりとりです。

1 例を出しながら説明する

まず使う教科書を持ってきましょう。どの教科でも、何冊でもいいですよ。では、持ってきましょう！

みんな

（教科書を持ってくる）

教科書の中にある言葉なら、しりとりに使えますが、言葉の途中で切るのはなしにしましょう。たとえば、「パイナップル」を「イナップ」などです。

まずは５分間で２周を目指して、グループに分かれてやってみましょう！では、スタート！

オンライン授業に役立つ!

オンラインでこそ できるあそび!

みんなであそぼう！ 全

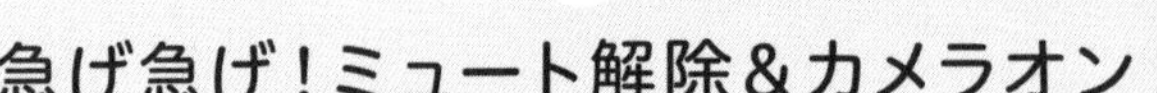

急げ急げ！ミュート解除＆カメラオン！

100 早押しクイズ大会！

ねらい 早押しクイズをしながら、オンライン会議の使い方（ミュートのオン／オフや画面のオン／オフ）を学びます。

あそびかた

先生

はじめのことば
これからクイズ大会をします。早押しクイズをするので、一度みなさんの音声をミュートにしてください！

1 ミュート解除の練習をする

ミュートと画面のオンとオフを確認しましょう。みなさんできますか？

2 クイズを出す

わかったら、できるだけ早く画面をオンにして、ミュート解除して答えを言ってくださいね。それでは、第１問！「日本の県の数は？」

おしい！都道府県じゃなくて…。

正解です。

3 繰り返しクイズを出す

ではどんどんクイズを出します！操作の仕方がわからなかったら、いつでも言ってくださいね！

4 子どもがクイズの出題者になる

次からは、皆さんが問題を出してください。やってみたい人はいますか？

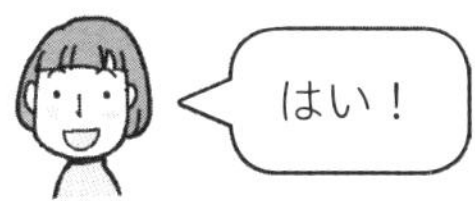

それでは○○さんからの問題です！

子どもが楽しくワクワクするコツ！

- 操作に慣れてきたら、回答までの制限時間やポイント制を設けることで、ゲーム性を高めていきます。

みんなであそぼう！ 

一番くわしいのは誰だ!?自己紹介クイズに答えて仲よくなろう！

101 〇〇王ゲーム

ねらい 自己紹介クイズの１つです。Zoom の機能に慣れながら、友だちのことについてくわしくなり、クラスの仲を深めることが目的です。

あそびかた

先生

はじめのことば

今から「〇〇王ゲーム」をします。この〇〇には、友だちの名前が入ります。誰がその友だちについて一番くわしいか、クイズをして決めます。

1 教師の例を示す

まずは、「先生王」を決めましょう。これから先生に関するクイズを５問出します。わかった人は、Zoom のチャット機能を使って答えましょう。１問ごとに正解を発表します。

※回答が先生にしか見られないように、プライベートチャット機能を活用します。

では、問題です。

①納豆はすき？　きらい？　どちらでしょうか？
②好きな色はなんでしょうか？
③好きな数字は何でしょうか？
④誕生月はいつでしょう？
⑤飼ってるペットは何でしょう？

2 自分のことに関するクイズを考える

では、自分のことに関するクイズを5問つくりましょう。クイズの出し方は、4択や○×、自由回答など何でも構いませんが、難しい問題をいくつかつくれるとよいですね。

3 友だちの自己紹介クイズに挑戦して、○○王を決める

今からブレイクアウトルームを使いグループに分けます。1人ずつ順番にクイズを出し合って、○○王を決めましょう。

4 ふりかえりをする

ぼくのクイズに1番正解したのはDくんです。だから、Dくんを「B王」にします。

子どもが楽しく ワクワク するコツ！

- 少し難しいクイズを何問か入れるとよいでしょう。
- グループではなく、全員で1人の問題に答えたいときは、帰りの会で日直の問題に答える「日直王」、誕生日の人の問題に答える「誕生日王」などがあります。

みんなであそぼう！ 全

友だちの声を当てよう

102 名無しさん、だーれ？

ねらい 耳をすまして、集中して聞けるようになる楽しいあそびです。

あそびかた

先生

はじめのことば

声を当てるゲームをします。みんなは、カメラオフで、ミュートにしておきます。名前はみんな「名無し」にします。先生に、ミュート解除された人は、「名無しです」と言います。その声が誰か、みんなで当てましょう。わかった人は、チャット欄に答えを書きましょう。

1 みんなでやってみる

それでは、ミュート解除します。はい、どうぞ。

「名無しです」

○○さん

□□さん

△△さん

それでは、名無しさん。カメラをオンにしてください。どうぞ！正解は、Aさんでした。

子どもが楽しく ワクワク するコツ！

- 人数を2人、3人と増やすと難易度が上がります。その際は、同じ言葉を話すようにしましょう。
- ボイスメモにクラス以外の子の声を入れておくと楽しいです。
  例）ジャイアン、ふなっしーなど。

みんなであそぼう！ 全

なんでやねんを楽しもう

ねらい オンラインでの朝の会や授業のときに話しやすい雰囲気をつくることのできるあそびです。

あそびかた

先生

はじめのことば
ゲームマスターが「たい焼き」と言ったら、参加者は「オー！」と言いながら右手を挙げます。「焼きいも」と言ったら、参加者は「ヤー！」と言いながら左手を挙げます。ゲームマスターが「たい焼き」「焼きいも」以外の言葉（「たこ焼き」など）を言ったら、参加者は「なんでやねん！」と言いながら右手でツッコミを入れます。

1 みんなでやってみる

「つっこみたいみんぐ」スタート！
「がんばるぞ！オー！」

オー！

「なんでやねん」でしょ！気を取り直して。「たい焼き」

オー！

焼きいも

ヤー！

焼肉

なんでやねん！

たい焼き

オー！

みんなでてあそぼう！ 中 高

気楽に英語を使ってみよう！

104 Listen This is…

ねらい オンラインで、自宅にある「音のなるもの」を見せて、音を聞かせながら紹介することで、英語を気軽に使ってあそぶことができます。

あそびかた

先生

はじめのことば
これから、家にある「音のなるもの」を持ってきて、紹介するゲームをしますね！

1 紹介する練習をする

Listen! This is my recorder.（音がなるものを持ってきて、実際に音を聞かせる）。

2 子どもに紹介してもらう

どのように取り組むかわかりましたか？　なんと言うかわからないものは、This is の後を日本語で言えたら１ポイント、英語で言えたら３ポイント、英語っぽく言えたら２ポイントゲットできます。準備はいいかな？　それでは、Let's start!

Listen! This is my piano.

３ポイント！

Listen! This is my 鍵盤ハーモニカ.

１ポイント！

3 ふりかえりをする

この英語のあそびはどうでしたか？

みんなのお気に入りのものや、見せたいものがわかって楽しかったです。

意外なものが好きなことがわかって、友だちのことを知ることができました。

英語を使うこともできて、よかったです。

子どもが楽しく ワクワク するコツ！

- 子どもたちの紹介したいものが、英語で言うことができなかった場合、先生が「Oh! That is …！」というように、示すことも大事です。
- 「英語っぽく言えたら」は、先生の主観で「ナイストライ！」と思ったものにポイントを与えて、先生自身も楽しみます！
- 「Listen!」を「Look!」に変えると、家の中にある「自分が自慢したいもの」を紹介する活動にもなります。

みんなであそぼう！ 

なんて言ったかな？よく見て聞き取ろう！

105 口パクゲーム

ねらい 声を出さずに、口パクをし、何を言ったのか当てるゲームです。ビデオ会議ツールで学習するときのアイスブレイクとして取り組みます。

あそびかた

先生

はじめのことば
今から「口パクゲーム」をします。友だちをよく見て、何を言っているのか当てましょう。

1 やり方の説明をする

（いきなり口パクをする。「りんご」などの簡単な単語にする）いま先生が何を言ったかわかりますか？

何だろう。

見てなかったー。

もう一度やります。よく見ておいてね。わかった人は先生にプライベートチャットで答えを送りましょう。

正解は「りんご」でした！

※先生だけが内容が見ることができるプライベートチャットを活用します。

2 みんなでやってみる

では、口パクで問題を出してくれる人はいますか？

はい！

では先生が問題を送ります。

（口パクをする）

わかった人は先生にチャットを送りましょう。

正解は○○でした！

子どもが楽しくワクワクするコツ！

- 最初は３文字から始め、徐々に文字数を増やしたり、拗音（ゃ・ゅ・ょ）や促音（っ）を使ったりすると、難易度が上がります。
- ブレイクアウトルームを活用して、グループで取り組むと、たくさんの子どもに問題を出させることができます。
- 口パクの内容は慣れるまでは教師が考えましょう。

みんなであそぼう！ 

みんなで動きを合わせよう

106 シンクロナイズドオンライン

ねらい 画面を使って、体つくりや運動を楽しむあそびです。

あそびかた

先生

はじめのことば
みなさん、シンクロナイズドスイミングを知っていますか？　水中でみんなが同じ動きをするスポーツです。今回は、オンラインの画面を使って、みんなで動きを合わせます。４つの動きを16拍で合わせてみましょう。

1 動きの例を示す

どんなポーズをとるか示します（右イラストを見せる)。１、2、3、4で①のポーズをして、5、6、7、8で体を伸ばしましょう。9、10、11、12で③のポーズをして、13、14、15、16で④のポーズをします。試しにやってみましょう。さん、はい！

1、2、3、4、5、6、7、8…（掛け声をかけながら動く）

少し練習の時間をとりますね。

2 みんなでやってみる

練習できましたか？　それでは、みんなでやってみましょう。準備はいいですか？　さん、はい！

（①のポーズ）1、2、3、4、（②のポーズ）5、6、7、8

（③のポーズ）9、10、11、12、（④のポーズ）13、14、15、16

①

②

③

④

子どもが楽しくワクワクするコツ！

●「表現運動」のテーマを活用することもできます。
（例）お祭り、スポーツ、火山、命、小学校の思い出、自分の町の紹介など。

みんなでならあそぼう！ 

あんたも好きねえ…

107 ヒントはちょっとだけよ？クイズ

ねらい 家にある実物をチラッと見せて、何かを考え、当てて楽しむゲームです。

あそびかた

先生

はじめのことば

「ヒントはちょっとだけよ？クイズ」をします。友だちに当ててほしい「もの」を持ってきて、ヒントとしてチラッと見せます。みんなは「チラッと見えたヒント」だけで、正解できるかな？

1 見え方によって点数が変わることを説明する

では、まず先生からやってみます。これくらいでわかるかな？（先っぽだけ見せる、）ここでわかったら３ポイント。半分見えてわかったら１ポイント。やり方がわかったら、みんなからもクイズを出してもらいます！

フォーク？　スプーン？

子どもが楽しくワクワクするコツ！

- クイズを答える前に、ミュートと画面オフにして、答えるときにどちらもオンにしてから答えると、早押しクイズ感が出ます。

みんなであそぼう！ 

オンラインビデオで体を使って組体操をしよう！

108

ねらい オンライン上の画面を使って、それぞれの体を動かしながら協力するあそびです。

あそびかた

はじめのことば

今日はみんなに「オンライン組体操」をやってもらいます。

1 やり方を伝える

いま画面上にはみんなの顔が映っているよね。隣の人と全員が手をつないだ状態になるようにしてみましょう。画面が人によってバラバラですので先生が画面共有をします。ではやってみましょうか。

わかった！

うまくできるかな？

2 ほかのテーマでも実践してみる

いいですね。では次は手の平を隣の人と合わせ合ってみましょう。

おお！上手ですね。

みんなであそぼう！ 低 中

オンラインビデオで顔のパーツを揃えて顔をつくろう！

109 オンライン福笑い

ねらい 想像力や好奇心をかきたてるあそびです。みんなで笑顔になり、コミュニケーションを育むことができます。

あそびかた

先生

はじめのことば
今日はみんなにオンライン福笑いをやってもらいます。

1 やり方を伝える

いま画面上にはみんなの顔が映っているよね。今からみんなで１枚の画面に顔ができるようにパーツを描いてもらいます。画面の映りが人によってバラバラですので先生が画面共有をします。

わかった！

それぞれがどこのパーツになるか想像して画面いっぱいに顔をつくりましょう。

2 自分の描くパーツを決める

では、それぞれがどのようなパーツを描くか話し合って決めましょう。

わかった！目を描く！

耳を描く！

3 パーツを描く

では、それぞれがパーツを描き始めてください。時間は３分です。

わかった！

4 完成したパーツを組み合わせる

みなさん描けましたか？　ではいっせーので画面いっぱいに映してください。いっせーの！

はい！

5 ふりかえり

では、完成した表情を見て感じたことをチャットで教えてください。素敵な表情ができましたね。

子どもが楽しくワクワクするコツ！

- ペンを指定すると、統一性があってよいでしょう。
- 笑っている顔、怒っている顔など、テーマをあらかじめ決めてもおもしろいでしょう。

グループ・ペアになってあそぼう！ 

家にあるものを探そう！

110 実物しりとり

ねらい 家の中にあるものでしりとりをするので、普通のしりとりよりも盛り上がることができます。

あそびかた

先生

はじめのことば
いまから「実物しりとり」をします。家の中にあるものを思い浮かべて、たくさん続けられるようにしましょう。

1 ルールの説明をする

グループに分かれて家の中にあるものでしりとりをします。実物でしりとりをして、１分以内に持ってくることができなかった人の負けです。最後の文字が濁音や半濁音で終わった場合は、清音（濁音や半濁音ではない）ひらがなでも構いません。最初の言葉は「お」です。では、３、４人のグループに分けます。では始めましょう。

2 チーム対抗戦を行う

「実物しりとり」には慣れましたか？　次はチーム対抗戦をしましょう。10分間でしりとりが続いた個数を数えておきましょう。たくさん続いたチームが勝ちです。たくさんつなげるためにチームで協力をして、ヒントを出しても構いません。では始めましょう。

3 結果の確認とまとめをする

それでは結果の確認をしましょう。
何個続きましたか？

たくさん続きましたね。ビデオ会議ツールならではのしりとりでした。またみんなでやりましょう。

子どもが楽しく ワクワク するコツ！

- うまくしりとりがつながらない場合は、答えではなく、ヒントを出し合わせることで、盛り上がります。
- たくさん続けるために、おもちゃや人形、ぬいぐるみ、本の題名なども可にしましょう。

グループ・ペアになってあそぼう！ 

友だちとかぶらないように反応しよう！

ねらい 友だちとかぶらないように反応（声を出したり、チャットをしたり）するゲームです。オンラインでのアイスブレイクとして有効です。

あそびかた

先生

はじめのことば
いまから「たけのこニョッキ～オンラインバージョン～」をします。友だちとかぶらないように、反応しましょう。

1 やり方の説明をする

5人か6人のグループに分かれます。「たけのこ、たけのこ、ニョッキッキ！」という掛け声で始まり、1ニョッキから始まり、2ニョッキ、3ニョッキと続けていきます。言う順番やタイミングは自由ですが、ほかの人と言うタイミングがかぶったり、最後まで言えなかったりした人が負けです。

2 グループに分かれてやってみる

では、グループに分かれてやってみましょう。

グループ

たけのこ、たけのこニョッキッキ！

1ニョッキ

2ニョッキ

また一緒になっちゃった。

3 チャット機能を使ってやってみる

では次は、声を出すのではなく、チャット機能を使ってやってみましょう。ルールは先ほどと同じですが、声を出す代わりにチャット機能を使って、「1ニョッキ」「2ニョッキ」と反応しましょう。

チャットも難しい

難しいけど楽しい！

子どもが楽しくワクワクするコツ！

- チャット機能で行うと、かぶったかどうかがすぐわかります。また、文の打ち直しが必要になる場合もあり、少し難易度が上がります。
- グループで慣れた後に、クラス全員で行うと難易度が一気に上がります。その際は、「10ニョッキを目標にやってみよう」とゴールを設定します。
- 子どもが準備する前に、急に教師がスタートの掛け声を始めると、子どもたちが焦り、かぶりやすくなります。

チャットや文字のやりとりで順番に物語をつくろう！

ねらい ペアやグループで１文ずつ文章をつなげてお話をつくるあそびです。想像力や静かにコミュニケーションする力を高めます。

あそびかた

先生

はじめのことば
今日は話し合わないで、スライドを使ってお話をつくってもらうサイレント作家をグループやペアでしてもらいます！

1 まず一緒にやってみる

あるところにおじいさんと…。この後、どんな文章が続きそうかな？

おばあさんがいました！

いいですね！その次は？

おじいさんは山に芝刈りに！

いいですね！こんなふうに順番に文章をつなげて物語をつくっていきます。

2 ルールを伝える

つくるときのルールを伝えますね。話してはいけません。ペアになった子が書いた文章に続けて、自分で考えて物語をつなげます。時間は10分です。10分で終わらなくても途中まででいいです。１人が考える文章は、読点か、句点までです。超えてはいけません。それでは分かれて時間までつくりましょう。しゃべってはだめですからね。

3 ペアで取り組み、発表する

時間です！　では、リーダーの人は完成しているところまで物語を読んでください。

4 ふりかえりをする

しゃべらないでつくった物語はどうでしたか？　おもしろいストーリーがたくさんできましたね。予期せぬ文章のつながりに笑顔がたくさん生まれていたり、以心伝心のチームもありましたね。みんな笑顔がたくさんでした！

子どもが楽しく ワクワク するコツ！

- 「僕には宝物がある。それは…」など、最初の１文は教師が提示してもいいでしょう。

グループ・ペアになってあそぼう！ 

みんな家にいるからこそおもしろい！

113 オンライン借り物競争

ねらい オンライン上で家にあるものを借りてくるゲームです。子どもたちは違う場所にいるので、学校とは違う楽しさを感じることができます。

あそびかた

先生

はじめのことば
それでは「オンライン借り物競争」を始めます。先生が言ったものを持ってきて画面に映してください。はやく持ってきた人の勝ちです。

1 個人で借り物競争をする

それでは始めます。「テレビのリモコン」を持ってきてください。

よっしゃ！（急いで探しに行く）持ってきたよ！

すごくはやいですね。いつもわかる場所に置いてあるのですか？

テレビの横に置いてあるから、すぐに持ってこられました。

2 チームで借り物競争をする

次はチーム戦です。チームで順番を決めましょう。１人目がお題のものを持ってきたら、次の人がお題のものを探しに行きます。リレー形式で行って、アンカーの人まで早く進めたチームが勝ちとします。

それではお題を言います。「小皿」を持ってきてください。

よっしゃ！

小皿ってキッチンにあった気がする。

3 アイデアをふくらませる

ほかにも「こんなお題がいいのではないか？」というものはありますか？

「丸いもの」とかでもおもしろそう。

子どもが楽しく ワクワク するコツ！

- どの家にもあるようなものをお題にするといいでしょう。自分の部屋にあるものよりも、リビングや家族がいる場所にあるようなものをお題にすると、探すときに家族と会話をするようになります。
- お題を子どもたちと一緒に考えるといろいろなアイデアが浮かび上がってきます。具体的なものよりも、抽象的なもののほうが子どもたちも持ってきやすいでしょう。

グループ・ペアになってあそぼう！ 

誰が最初にたどり着けるかな!?

114 画面共有でGo!!迷路あそび

ねらい オンライン授業の休憩時間や、子どもを画面に集中させたいときに使います。無料アプリの迷路などを使うと気軽にできます。

あそびかた

先生

はじめのことば
これから、画面共有をします。迷路を見せますから「よーいスタート！」の合図で、取り組みましょう！　誰が最初にゴールにたどり着けるかな？

1 画面共有をする

まず、自分のカメラとマイクをオフにします。迷路が最後までたどり着けたら、自分のカメラとマイクをオンにして、「ゴール！」と、叫んでください 。それではいきますよ！よーい、スタート！

※オンラインの画面上でペンを使って迷路で遊ぶことで、ゴールしたかどうかを確かめることができます。全員が一斉に迷路に取り組むと線が画面上にたくさん書かれてしまうので、その際は何人かごとに分けて取り組みます。

2 順位を確かめる

おめでとうございます！　一番は○○さんです。

先生、もう１回やりたいです！

3 チーム対抗にする

それでは、次はチーム対抗にします。次は、ゴールまでの時間でポイントが入るようにしますね。15 秒以内にゴールにたどり着けたら 1 ポイント、30 秒以内にゴールにたどり着けたら 3 ポイントです。準備はいいですか？では、画面共有をします。先生は、10 秒と 20 秒のときに、お知らせをしますね。よーい、スタート！

4 点数を確認する

みなさんは、何秒以内にゴールできましたか？　チームで点数をつけてみましょう。一番点数が高いのは、どのチームかな？

子どもが楽しく ワクワク するコツ！

- オフラインでも、プリントを配るなどして取り組むことができます。
- 迷路の難易度によって、制限時間やポイントは調節するとより楽しめます。

もぐらなのにたたかれる！

115 たたかれもぐら

ねらい オンラインの画面へのフレームイン、フレームアウトを使って、もぐら役とたたく役の即興アイデアを楽しむあそびです。

あそびかた

先生

はじめのことば
もぐら役ともぐらをたたく役に分かれます。たたく役は１人で、ほかの人はもぐらです。たたく役は、もぐらが出てきたら、名前を呼びます。もぐらは、名前を呼ばれたら頭を引っ込めます。１分間で役割を交代してあそびましょう。

1 グループでやってみる

先生がたたく役をします。みんなは、もぐら役です。好きなタイミングで画面に出てきてくださいね。それでは、スタート！

Ｂくん！

（頭を引っ込める）

Ａさん！

（頭を引っ込める）

子どもが楽しく ワクワク するコツ！

- もぐら役は、出るタイミングやスピードの変化を楽しめます。まったく顔を出さず、たたく側を困らせるという選択肢もあります。
- たたく役は、気付かないふりをして困らせるという選択肢もあります。

グループ・ペアになってあそぼう！ 

バレないように読もう！

116 ガチ読み？口パク？

ねらい オンラインでみんなで一斉に音読を楽しむことのできるあそびです。

あそびかた

先生

はじめのことば
全員ミュートにして、口パク音読とガチ読み音読をしてもらいます。ゲームマスターは、口パクかガチかを当てます。最初は、先生がゲームマスターをします。みんなは、口パク読みかガチ読みをしましょう。

1 みんなでやってみる

全員、ミュートになっていますか。それでは、教科書の○○ページを開きましょう。口パクかガチ読みか、先生にバレないように読んでくださいね。時間は１分間です。よーい、スタート！

樋口くんは、口パクですね？

ちがいます！ガチでした！

岩田さんは、口パクですね？

正解です。

2 グループでやってみる

じゃんけんで役割を決めましょう。勝った人がゲームマスターで、負けた人は、音読です。時間は１分で、役割を交代しましょう。それでは、スタート！

一番はだれかな？競ってあそぼう！ 

話し手に注目！表情と口元からセリフを当てよう

117 アフレコ選手権

ねらい アフレコを入れて楽しむあそびです。人の表情の変化を読みとる力がつきます。

あそびかた

先生

はじめのことば
今から先生が、あるセリフを口パクで言います。そのセリフがどのようなものか考えて実際に先生の動作に当ててしゃべってもらいます。

1 問題を伝える

それではいきますよ。考えてくださいね。（音声をミュートにして「今日はとても暑いですね」と言いながら、顔を手であおいでいるしぐさをする）わかりましたか？

う〜〜ん

（口パクで）「今日はとても暑いですね」。

みなさん、わかりましたか？

2 選手権開始

それでは実際にやってみましょう。やってくれる人はいますか？　お願いします！せーの

（しぐさをしながら口パクで）蚊が近くにいる！

3 投票する

みなさん素敵でしたね。それでは投票に入ります。上手だった賞と、おもしろサプライズ賞、それぞれ１人ずつ選出してください。

はーい！

結果が出ました！発表しますね！

4 ふりかえりをする

みんなの集中して観察する姿や表現力に、先生はとっても感動しました。また、同じ先生の振る舞いでも感じ方や想像するセリフが同じ人や全然ちがう人がいることに気付きましたね。

子どもが楽しく ワクワク するコツ！

- 表情や身振り手振りをオーバーにするといいでしょう。
- 何かを抱きしめてみせるなどのパントマイムを入れてイメージをつけるといいでしょう。
- 「僕の名前はやまだだよ！」などの一言から始めて、慣れてきたらセリフを長くしていきましょう。

一番はだれかな？競ってあそぼう！ 

英語や英語っぽく言えたらポイントアップ！

118 アクティブ借り物競争！

ねらい テーマに合わせたものを探してくるあそびです。オンラインでも英語を使ったり、画面の前から動いたりできるので、気分転換になります。

あそびかた

先生

はじめのことば
これから「借り物競争」を始めます！　先生がテーマを出しますから、テーマに合ったものを探して持ってきてくれたら1ポイントです。そのものの名前を英語で言えたら3ポイントで、英語っぽく言えたら2ポイントです！

1 最初のテーマを発表する

最初のテーマを出します。最初のテーマは「青いもの」です！青いものを探してきてください。

ふでばこです！

1ポイント！

notebook!

はい、3ポイント！

pen!

3ポイント！

2 ポイントを計算する

みなさんは、何ポイントゲットできましたか？数えてみましょう。

○○ポイントでした。

3 お題を変えて遊ぶ

ではどんどんやっていきましょう！
次は、「黄色いもの」です！

bananas!

3ポイント！

T-shirt!

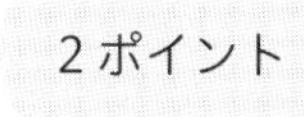

4 合計点数を計算する

では、みなさんがゲットした合計のポイントを出してみましょう！チャンピオンは誰かな？

8ポイント！

10ポイント！

6ポイント！

Bくんの勝ちです！

子どもが楽しく ワクワク するコツ！

- 日本語でたくさんの言葉を言っても、英語で言えるものをいくつか言ってポイントを狙ってもいいですね！
- 先生が子どもの持ってきたものに、「おー！」「なるほど！」「いいねー」とコメントすると、子どもとの関係性をつくることができます！

一番はだれかな？競ってあそぼう！ 

すばやくタイピング

119 スピードチャットしりとり

ねらい スピードを競うことで、楽しく集中してタイピング練習をすることができます。

あそびかた

先生

はじめのことば
普通のしりとりとルールが違うのは、一番最初にチャット欄に出てきた言葉を採用することです。時間内にグループの中で、一番多くの言葉を出せた人が勝ちです。制限時間は3分です。

1 グループで試しにやってみる

3人でやってみましょう。最初は「う」です。よーい、スタート！

重なってしまったときは、一番早く出てきた言葉を選びます。いまは「うちわ」ですね。

※一番目の「わさび」を採用

Aさんが、一番多く言葉を出しているので、勝ちになります。

一番はだれかな？競ってあそぼう！ 

みんなを笑わせちゃえ

120 バーチャル背景おもしろ選手権

ねらい ただただおもしろい画像で楽しむあそびです。

あそびかた

先生

はじめのことば
おもしろい画像をバーチャル背景にして楽しむあそびです。カメラオフにして、せーの！でカメラオンにします。出てきたバーチャル背景が一番おもしろい人を決めます。投票機能でナンバーワンを決めましょう。1ゲーム3分でやります。画像はインターネットから検索して、バーチャル背景に登録してください。

1 画像を探す

カメラオフにして、おもしろい画像を探してきましょう。
時間がたったら合図をしますね。

2 やってみる

3分たちました。それではやってみましょう。カメラオンにする準備はできましたか？せーの、ドン！

わあ！

おもしろい！

それでは、一番おもしろかった人に投票しましょう。バーチャル背景おもしろ選手権、栄えある第1回優勝は、○○さんです！
おめでとうございます！　それでは、2回戦もいきましょう。

おわりに

みなさん、120のクラスあそびはどうだったでしょうか。

休校期間中オンライン授業をしていたとき、1日の最後に子どもたちに振り返りジャーナルを書いてもらっていました。書くテーマは毎日違うものの、文の最後には「学校が早く再開して、鬼ごっこをしてみんなとあそびたい」と多くの子が書いていました。しかし、あそびには制限がかかっています。学校再開後もこれまでどおりのあそびはできません。そのことがわかっており、毎日心が痛みました。

学校再開後、子どもたちは工夫をしながらあそんでいました。しかし、限界があります。そんなとき、本書があれば、より子どもたちを楽しませることができたなと編集しながら感じていました。

本書ではオンラインでできるあそびも掲載されています。今後、万一、休校が再び起こり、オンライン授業を行うにしても、本書により子どもたちを楽しませるための一助になることを確信しております。

最後になりましたが、執筆のときからあたたかく見守っていただき、出版に至るまでお力添えいただきました学陽書房の山本聡子氏、駒井麻子氏には大変お世話になりました。この場を借りて心よりお礼申し上げたいと思います。

2020年12月

樋口万太郎・神前洋紀

共著者紹介（50 音順）

岩田 あゆむ（いわた　あゆむ）

千葉出身。千葉県高校教諭 (家庭科) を 2019 年３月に退職。現在は株式会社 div でプログラミングスクール事業、東京都非常勤講師 (家庭科)、アートとコーチングをベースに「幸せを感じる力」の育成に従事している。

岩田 龍明（いわた　たつあき）

愛知教育大学大学院修了後、６年間小学校で勤務。外国語学習のコーディネートや、生活科・総合的な学習の時間を研究。現在は学童保育や放課後子ども教室の運営に携わる傍ら、企業の子ども向けプログラムの開発と講座のファシリテーションに関わっている。

篠田 咲月（しのだ　さき）

NPO 法人 halea（ハレア）学童保育 副代表。富山県公立小学校教員を退職後、現職。「みらいを生きる力を育む」の保育基本理念のもと、日々子どもたちと関わる。放課後児童クラブの教育的・社会的可能性を探求している。

山口 翼（やまぐち　つばさ）

京都教育大学大学院連合教職実践研究科生徒指導力高度化コース修了後、京都市立学校に３年間勤務。現在、京都教育附属桃山小学校教諭。情報教育とともに、「楽しい体育」をメインテーマに、保健体育科を中心とした、教材開発、授業づくりに取り組んでいる。

若松 俊介（わかまつ　しゅんすけ）

京都教育大学附属桃山小学校教諭。国語教師竹の会事務局、授業力＆学級づくり研究会員。著書に『教師のいらない授業のつくり方』（明治図書出版）、共著に『やってみよう！　小学校はじめてのオンライン授業』（学陽書房）などがある。

編著者紹介

樋口 万太郎（ひぐち　まんたろう）

1983年、大阪府生まれ。大阪府公立小学校、大阪教育大学附属池田小学校を経て、京都教育大学附属桃山小学校に勤務、現在に至る。全国算数授業研究会 幹事、関西算数授業研究会 会長などに所属。学校図書教科書「小学校算数」編集委員。主な著書に『子どもの問いからはじまる授業！』（学陽書房）、共著に『やってみよう！ 小学校はじめてのオンライン授業』（学陽書房）ほか多数。

神前 洋紀（かみまえ　ひろき）

1991年、鹿児島県生まれ。公立小学校教諭を退職後、鹿児島県立公立小学校非常勤講師として教壇に立ちつつ、「　」No name schoolを設立。「大人も子どもも関係なく『生きる』を応援し合う」社会を目指す。フリースクールとしての活動をしつつ、オンラインサロンや親子オンラインスクールcocowithも運営する。（※「　」No name schoolは、子どもたちが一人ひとり自由にその場所の意味をつくっていくという意味を込めて、あえて「　」の中を空白にしています。）

仲よくなれる！ 授業がもりあがる！ 密にならないクラスあそび120

2021年1月27日　初版発行
2022年4月22日　10刷発行

編　著——樋口万太郎（ひぐちまんたろう）・神前洋紀（かみまえひろき）
発行者——佐久間重嘉
発行所——学 陽 書 房
〒102-0072　東京都千代田区飯田橋1-9-3
編集部——TEL 03-3261-1112
営業部——TEL 03-3261-1111 ／ FAX 03-5211-3300
http://www.gakuyo.co.jp/

ブックデザイン／スタジオダンク　本文イラスト／おしろゆうこ
本文DTP制作／越海辰夫　印刷・製本／三省堂印刷

© Mantaro Higuchi, Hiroki Kamimae 2021, Printed in Japan.

ISBN978-4-313-65420-4　C0037
乱丁・落丁本は、送料小社負担にてお取り替えいたします。
定価はカバーに表示してあります。

JCOPY〈出版者著作権管理機構 委託出版物〉
本書の無断複製は著作権法上での例外を除き禁じられています。複製される場合は、そのつど事前に出版者著作権管理機構（電話03-5244-5088、FAX03-5244-5089、e-mail: info@jcopy.or.jp）の許諾を得てください。